Sous l'image d'Ahura-Mazda, le dieu suprême des Perses, le Grand Roi tient son arc posé sur son pied gauche et écrase son ennemi Gaumata couché à terre. Face à lui, neuf personnages enchaînés, les mains liées derrière le dos, figurent les «rois menteurs» qui s'étaient soulevés contre Darius.

De part et d'autre de la scène sont portées des inscriptions en trois langues – élamite, babylonien, perse –, toutes gravées en écriture cunéiforme. Une écriture dont, avant Rawlinson, des générations de savants avaient tenté de découvrir la clef.

La montagne de Béhistoun s'élève en plein pays mède, au cœur de l'empire, sur la route de Babylone à Ecbatane. Dénommée dans l'Antiquité «la montagne des Dieux» (Bagastana), elle était un lieu sacré que les Perses dédièrent à Ahura-Mazda. La plaine alentour fut aménagée en un luxuriant «paradis», digne de la gloire du conquérant.

Pierre Briant, professeur d'histoire de l'Antiquité à l'université de Toulouse-II Le Mirail, est spécialiste de l'histoire du Moyen-Orient à l'époque de la domination perse et des conquêtes d'Alexandre et de ses successeurs. Il est l'auteur de nombreux articles et ouvrages, dont *Alexandre le Grand* (PUF, «Que sais-je?», 4e éd., 1994), *Etat et pasteurs au Moyen-Orient ancien* (Cambridge University Press-Maison des sciences de l'Homme, 1982) et, dans la collection Découvertes, *De la Grèce à l'Orient, Alexandre le Grand* (1987). Il a récemment fait paraître une somme sur l'histoire achéménide : *Histoire de l'Empire perse. De Cyrus à Alexandre* (Fayard, 1996).

Pour Antoine, Olivier, Aude et Adrienne.

1er dépôt légal : novembre 1992
Dépôt légal : mai 1998
Numéro d'édition : 86855
ISBN : 2-07-053166-X
Imprimé en Italie
par Editoriale Libraria

DARIUS
LES PERSES ET L'EMPIRE

Pierre Briant

DÉCOUVERTES GALLIMARD
HISTOIRE

Le 29 septembre 522, dans une forteresse de Médie, sept nobles perses unis dans une conjuration mettent à mort le roi Smerdis. Bientôt, l'un des Sept est porté au pouvoir suprême : «Je suis Darius, le Grand Roi, le Roi des rois, le roi en Perse, le roi des pays, le fils d'Hystaspes, l'Achéménide...» C'est en ces termes que le nouveau roi se présente.

CHAPITRE PREMIER

DARIUS LE ROI PARLE !

Darius vainqueur domine le monument triomphal de Behistoun (à gauche). De la main gauche, il tient son arc – une image que l'on retrouve sur les monnaies royales (ci-contre, une darique). Les armes royales, arc et lance, sont le symbole du pouvoir.

Quelques années après son arrivée au pouvoir, Darius fit graver sur le rocher de Behistoun le récit de son avènement et de ses exploits militaires. Il se flatte d'être le neuvième roi de la lignée achéménide, se rattachant ainsi à Cyrus le Grand, le premier roi perse à entrer de plain-pied dans l'histoire, le véritable créateur de l'empire perse achéménide.

Les vingt-cinq ans qui ont fait l'empire

Issu du mariage entre un noble perse, Cambyse, et Mandane, l'une des filles du roi mède Astyage auquel étaient alors soumis les Perses, Cyrus était monté sur le trône vers 557 avant notre ère. En quelques décennies, il s'empara successivement du royaume mède d'Astyage (550), du royaume lydien de Crésus et des cités grecques d'Asie Mineure (546), du royaume néobabylonien de Nabonide (539) et il planta les premiers jalons de la domination perse en Asie centrale. Pour illustrer le nouveau pouvoir, il construisit une capitale à Pasargades, en plein cœur du pays perse. C'est là qu'à sa mort il fut inhumé.

Lorsque, en 530, il disparaît au cours d'une campagne

Dans les pays annexés par Cyrus, l'influence du conquérant ne fut pas immédiate. Ainsi, en Lydie, dans l'ancien royaume de Crésus, les créséides, monnaies au lion et au taureau (à gauche), continuèrent d'être frappées à Sardes et de circuler en Asie Mineure.

Tout au long de l'histoire achéménide, hommage fut rendu à Cyrus, le fondateur de l'empire. Sa tombe (ci-dessous), élevée à Pasargades, la capitale qu'il avait fondée, reçut le soin d'un collège de mages qui, chaque jour, y sacrifiaient un cheval. Un relief encore mystérieux, auquel on a donné le nom de Génie ailé (à droite), illustre la rencontre des motifs décoratifs des diverses contrées du Proche-Orient : le personnage porte la robe élamite, la coiffe royale égyptienne et des ailes d'inspiration assyrienne.

en Asie centrale, sa succession était préparée. Il avait désigné son fils aîné Cambyse comme héritier du trône. En guise de compensation, le cadet, Bardiya, avait reçu un vaste gouvernement et des privilèges.

Le règne de Cambyse fut marqué par la conquête de l'Egypte (525-522) : désormais, l'empire s'étendait de la Libye à l'Asie centrale, englobant tous les territoires inclus précédemment dans les royaumes phagocytés. Au printemps 522, apprenant qu'en Perse un usurpateur s'était emparé du pouvoir, Cambyse dut quitter l'Egypte. Il mourut accidentellement sur le chemin du retour.

La mort de Cambyse déclencha une lutte féroce pour le pouvoir

Nous connaissons les détails de cette lutte de succession par le récit de Darius gravé sur le rocher de Behistoun et par le long développement qu'y consacre le Grec Hérodote dans ses *Histoires*. Celui-ci écrit au milieu du Ve siècle av. J.-C., deux générations après les événements. Il tient ses informations de sources orales, y compris perses. Il est, parmi les auteurs grecs, de loin le plus fiable, le moins suspect d'hostilité contre les Perses. Selon Darius comme selon Hérodote, Cambyse aurait mis à

mort son frère cadet Bardiya (Smerdis chez Hérodote et d'autres auteurs grecs). Mais l'exécution serait restée secrète, si bien qu'un mage – que Darius nomme Gaumata et Hérodote Smerdis – aurait pris le pouvoir en Perse, se présentant comme le fils légitime de Cyrus. C'est dans ces conditions que se noua contre l'usurpateur une conjuration de sept nobles, parmi lesquels Darius.

«Je tuai Gaumata le mage [...] à Sikayauvati, une place forte en Médie»

A la fin du mois de septembre 522, Smerdis-Gaumata fut éliminé par les conjurés. Restait à régler le problème du pouvoir. Selon Hérodote, à l'issue de discussions serrées, Darius réussit à s'imposer, profitant du désistement d'un des chefs, Otanès, et de l'appui d'un des principaux conjurés, Gobryas, dont il était à la fois le gendre et le beau-frère (il avait épousé sa fille et Gobryas était marié à la sœur de Darius). En retour, les six autres conjurés auraient obtenu du

La forteresse mède où Darius et ses compagnons exécutèrent Bardiya-Smerdis n'était guère différente de celles qui sont représentées sur les scènes de siège des reliefs assyriens (ci-dessus). Selon les Grecs, l'usurpateur du trône de Cambyse aurait été exécuté au lit, alors qu'une concubine charmait son repos. Version douteuse des événements : il serait en effet étonnant qu'il n'ait pas tenté de profiter de la force de sa position pour résister les armes à la main.

nouveau roi des privilèges, tel le droit d'entrer dans le palais sans l'accord préalable des huissiers, «à moins que le roi ne fût couché avec l'une de ses femmes».

Darius n'a-t-il pas réécrit l'histoire pour justifier sa prise du pouvoir ? Où est la vérité ?

L'existence historique même du mage Gaumata, ou du moins le rôle que Darius lui fait jouer, est fortement contestée. Il était en effet commode pour le Grand Roi de mettre en scène ce personnage, qu'il accuse d'avoir détruit des lieux de culte et d'avoir confisqué des domaines en Perse. De cette façon, il apparaissait comme un souverain légitime, soucieux de reprendre le cours d'une histoire dynastique momentanément interrompue par les exactions d'un rebelle fictif.

Quant aux six autres conjurés, Darius les relègue à l'arrière-plan. C'est seulement à la fin de sa déclaration de Behistoun qu'il donne leurs noms, cités également par Hérodote. Il entend ainsi affirmer à la postérité qu'il a mené personnellement la lutte contre l'usurpateur, qu'il aurait tué de sa propre main. «Personne n'osait rien dire sur Gaumata le mage, jusqu'à ce que j'arrive», écrit-il. Nul n'avait osé se rebeller contre un maître dur et cruel. Il ne dit rien non plus des ambitions royales des autres conjurés, pourtant relevées par Hérodote, et se contente d'affirmer : après quoi, je devins roi.

Ses liens familiaux avec Cyrus sont eux aussi fort douteux. Darius se présente comme un Achéménide, terme qui, chez Hérodote, désigne

De nombreux objets portant des figures royales, toutes semblables et anonymes, ont été retrouvés d'un bout à l'autre de l'empire, telle cette statuette en or (à gauche) provenant d'un trésor mis au jour près du fleuve Oxus (Amu-Darya), en Afghanistan, ou encore cette tête d'épingle perse (ci-dessous), qui témoigne du talent des orfèvres royaux.

l'un des clans de la tribu des Pasargades, la plus prestigieuse des tribus perses, dont sont issus les rois de la dynastie.

Darius était certes un personnage important de la cour, puisque sous Cyrus il avait le titre de porte-carquois et sous Cambyse celui de porte-lance – titres réservés aux dignitaires. Quant à son père, Hystaspes, il détenait un haut poste de commandement en Parthie-Hyrcanie, du moins en 522. Mais rien ne vient confirmer l'appartenance de Darius à la souche royale. Ni son père ni ses ancêtres directs n'ont jamais été rois. Au reste, Darius se garde bien de nommer les huit rois qui l'auraient précédé !

En réalité, il y a bien usurpation en mars 522, mais l'usurpateur du trône de Cambyse n'était autre que le propre frère de celui-ci, Bardiya, le fils cadet de Cyrus. Il était le seul descendant indiscutable de Cyrus, puisque Cambyse était mort sans enfant mâle, ce que personne n'ignorait.

Reconnu roi, Darius s'efforça d'ancrer son pouvoir dans la continuité dynastique

L'une de ses premières décisions fut «de contracter les mariages les plus honorables aux yeux des Perses»

Les porteurs des armes royales – le porte-lance (ci-contre) et le porte-carquois – étaient des personnages éminents. A Behistoun et sur la tombe de Darius à Naqsh-i Rustam, ils sont représentés derrière le Roi.

Selon une tradition populaire, une fois l'usurpateur Bardiya-Smerdis exécuté, les conjurés décidèrent que le pouvoir reviendrait à celui d'entre eux dont le cheval hennirait le premier au lever du soleil. Le palefrenier de Darius prépara habilement le cheval de son maître en lui faisant saillir une jument en chaleur sur la place où devaient se réunir les conjurés. Au petit matin, le souvenir olfactif de sa rencontre fit hennir le cheval, et Darius fut aussitôt reconnu roi ! En réalité, sa suprématie était sans aucun doute acquise avant même l'élimination de Smerdis, mais cette version des faits reprend un thème bien connu au Proche-Orient, celui de la divination par le hennissement d'un cheval.

(Hérodote). Il épousa deux filles de Cyrus – Atossa, qui avait été mariée à Cambyse, puis à Bardiya, et Artystonè –, une fille de Bardiya nommée Parmys et la fille d'Otanès, Phaidimè (veuve elle aussi de Bardiya).

L'intention était claire : les enfants espérés de l'union avec Atossa et Artystonè seraient bel et bien des descendants directs de Cyrus. En quelque sorte, ces unions matrimoniales le reliaient fictivement à Cyrus et à ses fils. Quant à son mariage avec Phaidimè, il lui permettait de donner une compensation de prestige à l'un des principaux conjurés de 522.

Désormais, Darius pouvait se présenter comme «un Achéménide, de souche royale», mais, dans le nouveau vocabulaire dynastique, le terme Achéménide ne désignait plus le clan principal de la tribu des

Le Grand Roi et les aristocrates perses pratiquaient la polygamie et entretenaient un grand nombre de concubines. Darius eut six épouses et pas moins de trois cent soixante concubines. Seuls les enfants légitimes avaient un droit à la succession. Chaque année, le Roi décernait des prix aux pères de familles nombreuses.

Pasargades; il se référait exclusivement à la descendance directe du nouveau roi, mise sous l'invocation d'un héros-fondateur inventé de toutes pièces, Achéménès, qui, enfant, avait été, selon la légende, nourri par un aigle.

«Ahura-Mazda m'a remis le royaume»

Afin d'assurer son pouvoir, le nouveau roi proclame ses liens privilégiés avec Ahura-Mazda, «le plus grand des dieux». Ahura-Mazda relègue dans l'ombre «les autres dieux», qui ne sont jamais explicitement nommés par Darius et ses successeurs, du moins jusqu'au règne d'Artaxerxès II (405-404/359-358).

C'est grâce à son aide et à sa protection que Darius assure avoir remporté ses victoires et détenir l'autorité sur les peuples de l'empire. Et sur le rocher de Behistoun, c'est lui qui domine toute la scène. Représenté sous la forme d'un homme barbu sortant d'un disque ailé, il tend à Darius un anneau. Ce dialogue muet entre le roi et le dieu ne constitue rien d'autre qu'un rite d'intronisation divine.

La figure royale est, sur les monuments achéménides, toujours associée à un personnage barbu sortant d'un disque ailé. Des historiens y ont vu le Génie du roi défunt. Il est plus probable qu'il symbolise le grand dieu Ahura-Mazda, que Darius invoque soixante-douze fois dans l'inscription de Behistoun. L'étonnante ressemblance entre ce personnage et le roi témoigne des relations privilégiées que le souverain entretient avec le dieu, dont il est le représentant sur terre.

Le Roi des rois se trouva immédiatement confronté à de multiples révoltes de peuples sujets

La victoire dynastique remportée par Darius ne réglait pas tous les problèmes, loin de là. Le mécontentement était ancien, il avait peut-être même été à la source de l'usurpation. En effet l'une des premières mesures de Bardiya avait été d'exempter les peuples soumis du versement des tributs et des contingents militaires pour trois ans. Mais les difficultés dynastiques offraient une belle occasion pour se défaire de la tutelle perse. Une grande partie de l'inscription de Behistoun est consacrée aux victoires de Darius sur les rebelles.

Dès l'automne 522, des révoltes éclataient en Elam (Suse) et à Babylone, conduites par Açina et Nidintu-Bêl. Le premier se présentait comme «roi en Elam», le second comme le fils de Nabonide, vaincu par Cyrus le Grand en 539. Le ton était donné. Chacun des chefs des différentes révoltes prit un nom de règne qui le reliait à la dynastie abattue par Cyrus ou Cambyse. Il s'agissait donc ni plus ni moins d'en revenir à la situation qui prévalait avant les premières conquêtes perses.

Ahura-Mazda prend, une place hégémonique dans le panthéon royal. C'est à son soutien que Darius attribue sa victoire sur les neuf «rois menteurs», représentés liés par une corde, les mains attachées dans le dos (ci-dessous, Açina l'Elamite et Nidintu-Bêl le Babylonien).

Dniepr
Don
Dniestr
Volga
SCYTHIE
Danube
Mer Noire
Mer Caspienne
THRACE
MACÉDOINE
CAPPADOCE
PHRYGIE
HELLESPONTIQUE
ARMÉNIE
IONIE
LYDIE
Sardes
Athènes
Éphèse
LYCIE
CARIE
CILICIE
ASSYRIE
Arbèles
Rhagai
MÉDIE
Euphrate
Tigre
Ecbatane
Behistoun
CHYPRE
MER MÉDITERRANÉE
Tyr
ARABIE
Babylone
Suse
SUSIANE (ELAM)
Jérusalem
BABYLONIE
LIBYE
Memphis
Golfe Per
Nil
ÉGYPTE
Thèbes
Mer Rouge
Syène
Île Éléphantine
1e Cataracte
Nil
NUBIE
Principales routes

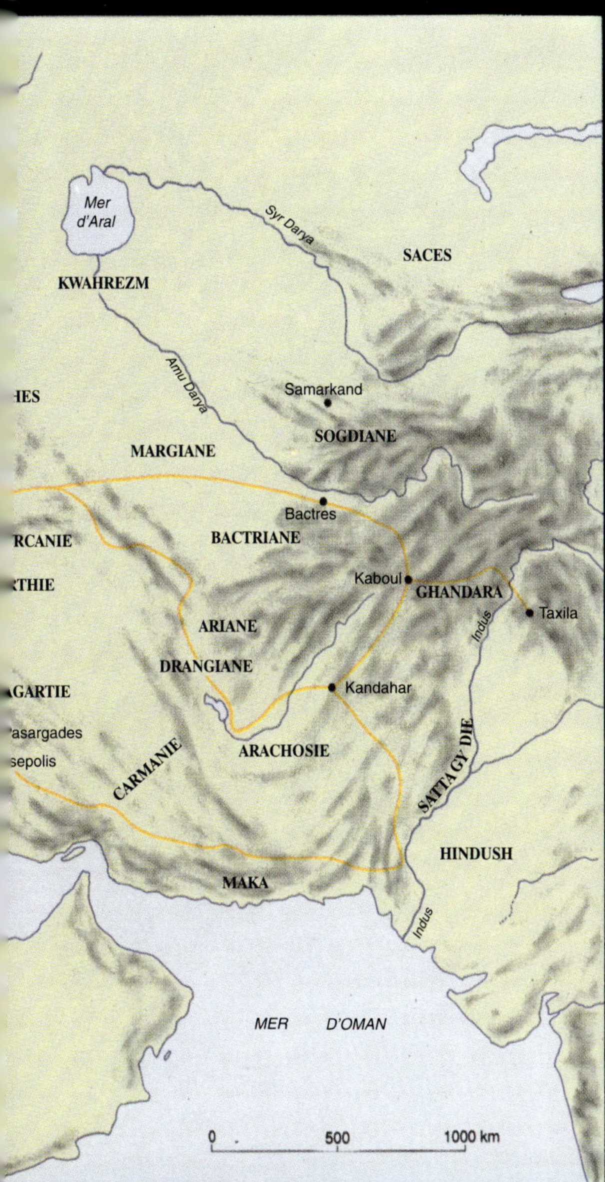

Parties de la Perse, petite région montagneuse au sud du mont Zagros, les armées de Cyrus et de Cambyse ont imposé la domination perse sur d'immenses territoires qui, à l'époque de Darius, s'étendront des Balkans à l'Indus et de Samarkand à la première cataracte du Nil. Depuis les résidences royales situées au centre de l'empire – Persépolis, Suse et Ecbatane – rayonnait un réseau de routes officielles qui permettait, par exemple, de joindre Sardes à Bactres ou la vallée du Nil à Babylone. Pour emprunter ces routes, les voyageurs devaient obtenir un sauf-conduit qui portait également mention des rations de vivres qu'ils pouvaient se procurer dans les magasins royaux répartis au long des grands itinéraires. Surveillées par des garnisons, les routes étaient parcourues par des escadrons de police qui contrôlaient les voyageurs et les messages dont ils pouvaient être porteurs. S'il fallait trois mois de marche pour aller de Sardes à Suse, les courriers du roi, qui trouvaient des chevaux frais dans les relais, couvraient la distance en quelques jours.

Darius choisit de marcher lui-même à la tête des troupes contre Babylone, où, après la défaite du rebelle, il s'établit durant l'hiver 522-521. Avant de faire mouvement vers la Médie en janvier 521, il confia à ses plus proches collaborateurs – des Fidèles – des corps de troupes qui menèrent la contre-offensive sur plusieurs fronts.

«Les rois précédents, aussi longtemps qu'il y en a eu, n'ont pas fait autant de choses que moi, par la puissance d'Ahura-Mazda, j'en ai fait en une seule et même année»

«L'armée perse et mède que j'avais avec moi était peu nombreuse», affirme Darius. Il faut évidemment tenir compte du souci de propagande des déclarations royales, dont l'objectif est, avant tout, d'exalter l'immensité de la tâche de restauration accomplie «en une seule année». Ce qui le distingue de tous ses prédécesseurs.

Il n'en reste pas moins qu'à l'automne 522 la situation des Perses était difficile. La multiplicité des fronts constituait un handicap pour les armées royales, quand bien même les insurgés ne cherchèrent-ils jamais à définir une stratégie commune.

Le roi donne une liste de neuf pays qui, de l'Egypte à l'Inde, entrèrent en rébellion. Il ne livre aucun détail sur la révolte de l'Egypte, qui fut sans doute matée par Aryandès, le satrape mis en place par Cambyse. La seule autre révolte connue dans les pays occidentaux fut menée non par un chef local mais par un satrape – un représentant du pouvoir impérial –, celui de Sardes, Oroitès, qui crut pouvoir profiter des difficultés du centre pour se constituer une sorte de principauté indépendante. Il fut exécuté deux ans plus tard.

C'est dans Babylone reconquise qu'en 522-521 Darius établit son quartier général, d'où il envoyait messages et renforts à ses lieutenants chargés de venir à bout des résistances. Il conserva le titre traditionnel de «roi de Babylone, roi des pays» et les nobles perses reçurent des terres en Babylonie, qu'ils donnèrent en gérance à des maisons d'affaires locales.

Au cœur de l'empire, en Perse même, un nouveau prétendant se souleva, prenant le nom de Bardiya. Il s'ensuivit une véritable guerre civile, preuve que la population de la Perse ne s'était pas ralliée en masse à Darius. Après plusieurs mois de résistance, le rebelle fut exécuté sous les yeux de Darius (ci-dessous, sur un cachet, un combat entre Perses).

Deux révoltes ont représenté un danger particulier : celles de Médie et de Perse

L'insurrection menée en Médie engloba non seulement la Médie proprement dite (Ecbatane), mais également les pays voisins (Arménie, Sagartie). Le nombre de batailles livrées dans ces pays est d'autant plus impressionnant qu'elles ne permirent pas aux Perses

de réaffirmer rapidement leur domination. Après la capture du chef rebelle mède (mi-mai 521), les armées royales durent encore batailler ferme en Arménie et en Sagartie avant de prendre le dessus. Qui plus est, la révolte mède menaça les voies de communication perses vers l'Asie centrale, via l'antique route stratégique du Khorassan. Darius confia à son père Hystaspes, basé en Parthie, la mission d'empêcher la jonction entre les différents groupes de révoltés. En Bactriane, le satrape Dadarshi joua un rôle analogue.

Alors que Darius se trouvait en Babylonie (fin 522), la Perse elle-même était entrée en rébellion sous la conduite de Vahyazdata, qui se fit bientôt reconnaître roi dans les formes requises. Il se présentait comme «Bardiya, fils de Cyrus», contestant ainsi la légitimité dynastique du nouveau roi.

A l'issue d'événements qui avaient représenté une menace réelle pour son pouvoir, Darius se devait de manifester clairement qu'il ne tolérerait aucun écart à la règle absolue imposée aux sujets : loyauté et soumission sans réserve aucune à l'autorité du Grand Roi.

Révolte d'autant plus dangereuse que Vahyazdata-Bardiya envoya un corps d'armée vers l'est; son offensive fut stoppée non loin de Kandahar. L'armée envoyée par Darius en Perse remporta deux victoires successives, en mai et juillet 521. Le rebelle fut exécuté sous les yeux du roi.

«Le royaume qui avait été enlevé à notre lignée, je le remis sur ses bases, je le rétablis en sa place légitime»

Darius victorieux, la domination perse sur les pays conquis fut réaffirmée. De manière à prévenir de nouvelles révoltes, le roi recourut à des châtiments publics contre les «rois menteurs» : les rebelles capturés furent empalés, énucléés, on leur arracha la peau... Le bon peuple fut convié à

Les rebelles furent punis par le fer et le sang. Les châtiments physiques qui leur furent infligés évoquent directement les reliefs assyriens : les vaincus y sont cruellement suppliciés, écorchés vifs, les oreilles coupées, les yeux arrachés... devant un grand concours de peuple.

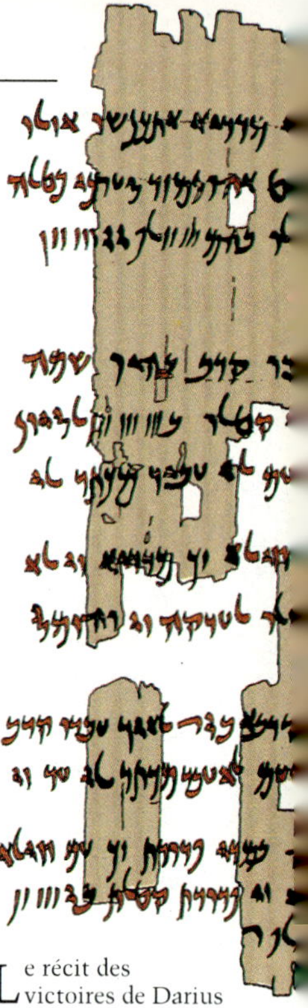

venir contempler leurs dépouilles empaillées, suspendues aux murs des palais royaux.

C'est quelques mois après ces victoires que Darius entreprit de faire graver le récit de ses exploits sur le rocher de Behistoun. Ses opposants, auxquels il nie toute légitimité, y sont qualifiés de «rois menteurs». «Ils ont menti au peuple», proclame Darius. Dans le vocabulaire politico-religieux perse, le Mensonge (*drauga*), qui désigne la déloyauté et la rébellion, s'oppose à la Vérité (*arta*), dont Darius se pose en défenseur acharné. En d'autres termes, les guerres qu'il a menées sont des guerres justes et légitimes. C'était le sort de l'empire créé par Cyrus et Cambyse qui était en jeu. A ses sujets, il prêche la Vérité, c'est-à-dire la loyauté à l'égard de son pouvoir. Il menace de tous les maux ceux qui tenteront de détruire les inscriptions et les reliefs. En revanche, il attire sur ses Fidèles la protection d'Ahura-Mazda, qui leur garantira paix, bonheur et prospérité, et il s'adresse à

Le récit des victoires de Darius a été gravé en trois langues sur le roc de Behistoun : en élamite, en babylonien et en vieux-perse (ci-dessus, à gauche, relevé d'une partie de cette version). C'est peut-être à cette occasion que la langue vieux-perse fut pour la première fois adaptée à l'écriture cunéiforme.

Afin de diffuser partout le souvenir de sa grandeur, Darius fit traduire l'inscription dans les différentes langues de l'empire. On a retrouvé à Eléphantine d'Egypte une partie de la version araméenne (ci-contre) au dos d'un papyrus privé. Ce papyrus est daté du règne de Darius II (avant 418), ce qui montre que le texte royal continua d'être régulièrement copié (peut-être même s'agissait-il d'un devoir d'écolier). Le relief aussi a été copié. On en a trouvé un fragment à Babylone, le haut de la tête du roi (ci-dessous à gauche comparé à l'original de Behistoun), au côté de l'inscription en babylonien. A Suse, on a repéré des traces d'une représentation analogue sur des briques émaillées. Peut-être y a-t-il eu une version grecque en Asie Mineure.

ses successeurs, en les adjurant de punir sans indulgence ceux qui seront «menteurs».

L'alerte avait été chaude. La longueur des résistances – plus d'un an – rend compte de la force des mouvements. Certains pays, comme l'Elam et la Babylonie, ont mené plusieurs rébellions successives. Un trouble diffus continua de se manifester et, en 520, l'Elam et Suse se révoltèrent à nouveau. Darius y envoya une armée, tandis que lui-même, quelque temps plus tard (vers 519-518), menait une expédition victorieuse en Asie centrale, contre les Saces.

On ajouta alors au texte de Behistoun une nouvelle colonne (colonne V), ainsi que le portrait du roi sace Shunkha. Le message idéologique délivré dans l'ajout est durci. Désormais, les peuples rebelles (Elamites, Saces) sont désignés comme ne rendant pas de culte à Ahura-Mazda. Cela ne traduit pas une volonté quelconque d'étendre dans tout l'empire le culte du dieu suprême du panthéon perse, mais plutôt, exprimée pour la première fois, une justification religieuse des campagnes militaires : à partir du moment où ils entrent en rébellion, les peuples démontrent qu'ils n'obéissent pas aux enseignements d'Ahura-Mazda, garant de la stabilité dynastique et du maintien de l'ordre dans l'empire.

Au moment où les artistes royaux commençaient d'aménager le site de Behistoun, toute trace de rébellion n'avait pas disparu. Darius dut encore mener campagne en Asie centrale, contre les Saces, peuples nomades ou sédentaires vivant au-delà de l'Iaxartes (Syr Darya). La révolte matée, on ajouta, sur le relief, Shunkha, le roi vaincu, reconnaissable à son haut bonnet en pointe de flèche caractéristique des Saces (à gauche).

La noblesse perse a, dans l'ensemble, manifesté une grande loyauté à l'égard du nouveau monarque

Parmi les généraux qui ont conduit des armées contre les révoltés au cours des années 522-520, on relève trois des conjurés de 522 : Intaphernès en Babylonie en novembre 521, Hydarnès en Médie en janvier 521 et Gobryas en Elam en 520. Suspecté d'insubordination, le premier fut mis à mort peu après, ainsi que ses parents, et tous ses biens furent confisqués. Mais l'exception confirme la règle : la noblesse perse a suivi Darius dans son entreprise. L'union étroite entre la monarchie et l'aristocratie était l'une des conditions indispensables à la solidité de l'édifice impérial.

Les liens qui unissaient les familles de Darius et Gobryas furent bientôt renforcés par le mariage de Mardonios (fils de Gobryas et de la sœur de Darius) avec Artozâstrè, l'une des nombreuses filles du roi.

Gobryas, dont la loyauté ne fit jamais défaut, eut le privilège d'être représenté en porte-lance et nommément cité sur le tombeau du Grand Roi (ci-contre). Darius avait épousé sa fille avant la conjuration. Par la suite, une alliance matrimoniale fut célébrée entre une fille de Darius, Artozâstrè, et un fils de Gobryas, Mardonios – alliance attestée par des tablettes de Persépolis datées de 498, signalant une rencontre entre Gobryas et «la femme de Mardonios, fille du roi», dans une localité située sur la route de Suse à Persépolis. La distribution en mariage de ses filles fut toujours pour le Grand Roi un moyen de renforcer ses liens avec les aristocrates. C'est au sein de ces grandes familles qu'il recrutait généraux et satrapes. La famille royale fournissait elle-même nombre de hauts dignitaires.

Cavaliers et archers d'élite, les Saces tinrent une place de choix dans les armées du Grand Roi. Des groupes de soldats se virent attribuer des terres en Babylonie où ils constituèrent des communautés. A gauche, un Perse saisit un Sace par son bonnet.

Les révoltes matées, Darius reprend l'offensive : de nouvelles guerres de conquête sont lancées

En prolongement de l'expédition qu'il venait de mener contre les Saces, le Grand Roi envoya vers 518 une armée plus à l'est, dans la vallée de l'Indus, qui fut conquise. Il fixa à une escadre l'objectif grandiose de reconnaître, avec l'aide de pilotes indiens, une voie maritime directe entre le golfe Persique et la mer Rouge. Selon Hérodote, l'escadre atteignit la mer Rouge au bout de trente mois.

A l'ouest, après l'exécution d'Oroitès, Darius poursuivit méthodiquement l'entreprise qui visait à élargir la domination perse sur la mer Egée. Otanès, l'un des conjurés de 522, fut placé à la tête des forces perses d'Asie Mineure. Il s'empara de l'île de Samos, confiée dès lors au Samien Syloson, fidèle client du Grand Roi (vers 519). Hérodote rapporte que, dans le même temps, une expédition de reconnaissance fut envoyée de Phénicie en Sicile.

Par ces nouvelles entreprises militaires, le roi manifestait qu'il n'entendait pas gérer petitement les acquis territoriaux de ses prédécesseurs. Bien au contraire, il avait l'ambition d'étendre l'espace impérial dans toutes les directions et de donner une nouvelle dynamique à la domination perse.

L'empire n'est pas seulement continental. Depuis la conquête de l'Egypte par Cambyse, les Perses étaient devenus marins et disposaient d'une puissante flotte. Dès 519, Darius définit un vaste projet de conquête de la mer Egée. La première expédition fut dirigée contre Samos, célèbre pour sa richesse commerciale et ses navires de guerre (ci-dessus, sur une monnaie de Samos). La mainmise sur la vallée de l'Indus et la soumission de ses peuples (à gauche) favorisa la liaison maritime entre l'Inde et le golfe Persique.

«Cela fait, il établit dans l'Empire perse vingt gouvernements, qu'ils appellent eux-mêmes satrapies [...] et il fixa les tributs qui devaient lui revenir»

Ce furent, si l'on en croit Hérodote, les premières mesures que prit Darius, sans doute dès 518. La force des soulèvements avait en effet

Les peuples soumis étaient placés sous l'autorité d'un satrape, dans le palais duquel la cérémonie d'audience était aussi grandiose qu'à la cour centrale.

clairement montré l'hostilité des peuples à un tribut encore alourdi par l'arbitraire des satrapes.

Etymologiquement, le satrape est «le protecteur du pouvoir». Il est le représentant personnel du souverain dans une région déterminée, chargé de maintenir l'ordre dans les pays conquis. L'institution existait déjà du temps de Cyrus et de Cambyse, mais c'est sous Darius qu'elle acquit la physionomie qu'elle devait conserver tout au long de l'histoire perse. Chaque circonscription – ou satrapie – rassemblait des peuples (*dahyu* en perse) voisins qui, tous, continuaient de jouir de leur territoire traditionnel. Avant d'être une unité territoriale, la satrapie est une réalité ethnique.

Dix-neuf circonscriptions étaient taxées pour un certain montant évalué en argent pesé. Le total annuel représentait près de deux cent cinquante tonnes d'argent. S'y ajoutaient les trois cent soixante talents de poussière d'or fournis par l'Inde

Versé aux autorités de la satrapie sous forme d'argent métal ou, pour l'Inde, de poudre d'or, le tribut était minutieusement contrôlé à l'aide de poids étalons (ci-dessus la pesée et, ci-dessous, un poids). La plus grande partie du tribut était ensuite convoyée vers les capitales de l'empire.

– la vingtième circonscription –, soit au total, pour l'empire, en équivalent-argent, plus de trois cent soixante-dix tonnes ! Une fois rassemblés sous différentes formes (argent brut, vaisselle, monnaies, poudre d'or...), les métaux précieux étaient stockés dans les Trésoreries royales.

L'or et l'argent étaient fondus puis coulés dans des jarres de terre cuite. «Lorsque le vase est plein, on enlève l'enveloppe de terre et, quand le roi a besoin d'argent, il fait réduire en morceaux autant de métal qu'il a besoin» (Hérodote). On le transformait en monnaies et, surtout, en objets de luxe dans les ateliers royaux.

Cette réforme tributaire marquait le couronnement de la reprise en main et de la réorganisation de l'empire

Désormais sûr de son pouvoir, Darius s'assurait ainsi des rentrées régulières et considérables, qui lui permettaient de poursuivre une politique ambitieuse dans tous les domaines.

La définition d'un montant tributaire fixe présentait en outre l'avantage de stabiliser les rapports avec les chefs locaux. Le satrape ne pouvait plus, en principe, exiger plus que la somme enregistrée dans les archives officielles. Il y avait des exactions, mais on pouvait en appeler à la juridiction royale, pour faire rentrer dans le rang un administrateur indélicat.

Les populations étaient astreintes à bien d'autres versements que ceux exigés au titre du tribut proprement dit : impôt pour la table du satrape (en Judée, au milieu du Ve siècle, il s'élevait à quarante sicles d'argent par jour, soit soixante-dix kilos d'argent par an), droits de douane à l'entrée des villes, des satrapies ou sur les fleuves, droits sur les marchés, sur les mines... En Babylonie, les soldats devaient s'équiper à leurs frais. Ils recevaient, en échange de leur engagement dans les armées du Grand Roi, une terre... sur laquelle ils payaient un impôt. Tout cela faisait dire aux Grecs que le Grand Roi gérait sa fortune avec beaucoup de parcimonie.

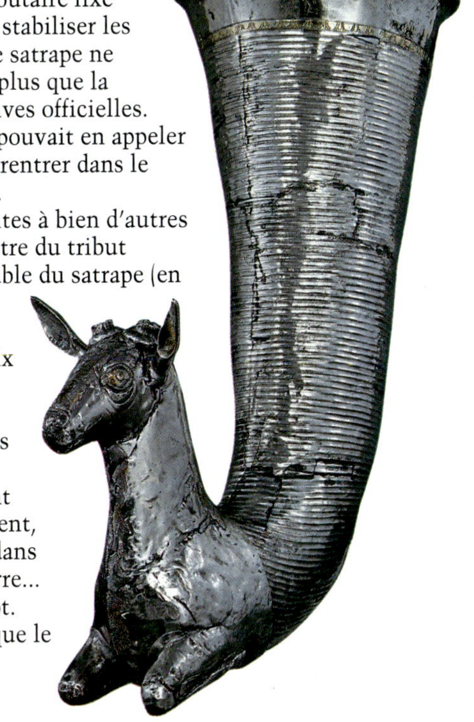

Dominant la vallée du Chaour, le palais et l'Apadana de Darius à Suse ont été érigés au nord de l'ancienne capitale des rois élamites. Les architectes royaux ont délimité par d'énormes murs de soutènement une terrasse d'une douzaine d'hectares. Une porte monumentale haute de quinze mètres (ci-dessus, restitution et vue actuelle des ruines), commencée par Darius et achevée par son fils, commandait l'accès aux résidences royales. Le passage donnant sur la cour intérieure était flanqué de deux statues de Darius, dont l'une, retrouvée en 1972, avait été sculptée en Egypte.

Suse et Persépolis, deux nouvelles capitales pour Darius

La décision d'ériger de nouvelles capitales fut très certainement prise peu après l'avènement du nouveau roi. Persépolis fut construite en plein cœur du pays perse, à plus de 1 100 m d'altitude, sur le flanc du mont de la Miséricorde, surplombant des palais construits dès l'époque de Cambyse. Quant à Suse, dans le bas pays, c'était une ville déjà ancienne, capitale des rois élamites conquise par Cyrus. Darius y éleva les palais qui devaient en faire, aux yeux des auteurs grecs, la capitale perse par excellence.

Pasargades, la ville de Cyrus, ne fut pas pour autant abandonnée. Darius continua d'en aménager les palais. Mais le choix de deux nouveaux sites illustre l'entreprise de re-fondation dynastique et impériale. De nombreuses inscriptions attestent cette volonté politique. Sur l'un et l'autre site, Darius se flatte d'avoir construit une forteresse, «là où aucune forteresse n'était construite».

“On appelait ces Perses Immortels [...] : si l'un d'eux venait à manquer [...], vaincu par la mort ou la maladie, un autre était choisi, en sorte qu'ils n'étaient jamais plus ou moins de dix mille.”

Hérodote

Ces Perses qu'on nomme Immortels

En 1884-1886, Jane et Marcel Dieulafoy, deux archéologues fouillant le site de Suse, découvrent, éparses dans le sol, des briques émaillées. Un véritable puzzle qu'ils reconstituent et décrivent ainsi : «Le tableau représente des archers vus de profil, en marche, la javeline à la main, l'arc et le carquois sur l'épaule. Les uniformes, de couleurs différentes, sont taillés sur le même modèle : jupe fendue de côté, chemise courte, serrée à la taille par une ceinture [...]. Oreilles et poignets sont chargés de boucles et de bracelets d'or [...]. Les étoffes des uniformes sont d'une étonnante richesse.» Cette description correspond à celle que donne, au Ier siècle apr. J.-C., Quinte-Curce, un historien romain : «Immédiatement après, marchaient ceux que les Perses appelaient les Immortels, environ dix mille hommes. C'étaient eux surtout qu'un luxe d'une opulence barbare rendait plus imposants : à eux les colliers d'or, à eux les robes brochées d'or et les tuniques à manches, ornées aussi de gemmes.»

Le bestiaire fantastique de Suse

Les murs des palais royaux de Suse étaient ornés de briques émaillées, une technique bien connue à Babylone dans les siècles précédents. Les artistes ont traité les motifs animaliers (à gauche, un griffon et un lion) en s'inspirant des traditions mésopotamiennes. Le palais lui-même était supporté par trente-six colonnes de pierre de vingt mètres de haut. Les énormes poutres des plafonds reposaient sur des chapiteaux à protomes de taureaux dos à dos (ci-dessus).

Le Grand Roi en majesté

Le Grand Roi reçoit ou convoque fréquemment devant lui ses proches, les hauts officiers de la couronne ou encore les ambassadeurs étrangers. Ces audiences se déroulent dans l'Apadana, un vaste bâtiment qui peut contenir dix mille personnes. Ceux qui aspirent à l'honneur insigne d'être introduits devant le roi doivent faire preuve de patience. Il leur faut d'abord déposer une demande écrite auprès d'un haut officier de la cour, le chiliarque, qui commande la garde royale, et attendre une réponse qui met parfois plusieurs mois à venir.

Debout, buste incliné, un personnage rend hommage au Grand Roi selon le rite de la *proskynèse*. Les ambassadeurs grecs répugnaient à effectuer ce cérémonial devant un roi, car ils avaient, eux, réservé cette attitude de soumission à leurs dieux. Le personnage qui, ici, sur un relief d'audience de Persépolis, accomplit le rite de la *proskynèse* est peut-être le haut dignitaire que les Grecs appellent chef des Mille (chiliarque), c'est-à-dire celui qui commande la garde rapprochée du souverain et qui est à la tête du service de l'Audience.

Convoqués, ils sont minutieusement contrôlés et filtrés par les huissiers et «introducteurs de la Porte du Palais». C'est avec émotion qu'ils pénètrent enfin dans l'Apadana. Avant toute autre chose, ils doivent exécuter devant le roi le rite de la *proskynèse* : tête baissée et buste incliné, ils lancent de la main un baiser en direction de l'auguste personne. Puis ils offrent au souverain leurs cadeaux, qu'ils remettent dans les mains des «receveurs des présents».

L'art officiel rend compte de la majesté impressionnante de la cérémonie. Le Grand Roi est assis sur son trône, lui-même placé sur une estrade surélevée. Il maintient une pose figée, comme hiératique. Ses pieds reposent sur un tabouret, qu'il utilise également pour descendre de son char. Lorsqu'il se déplace dans ses palais, des couloirs et des tapis lui sont réservés. Ces représentations expriment l'un des thèmes privilégiés de l'idéologie monarchique achéménide : le roi est beau, grand, fort et courageux.

La réalité était parfois plus triviale, si l'on en juge par la description physique que donne Strabon de Darius : «Darius était le plus beau des hommes, mis à part la longueur de ses bras et de ses avant-bras qui touchaient même ses genoux.» De son côté, Platon affirme même que, parmi les tâches assignées aux eunuques chargés du soin des enfants royaux, venait celle «de façonner les membres enfantins et de les redresser,

Présentés ainsi détourés de leur fond de pierre, les reliefs démontrent l'extrême réalisme du travail des sculpteurs.

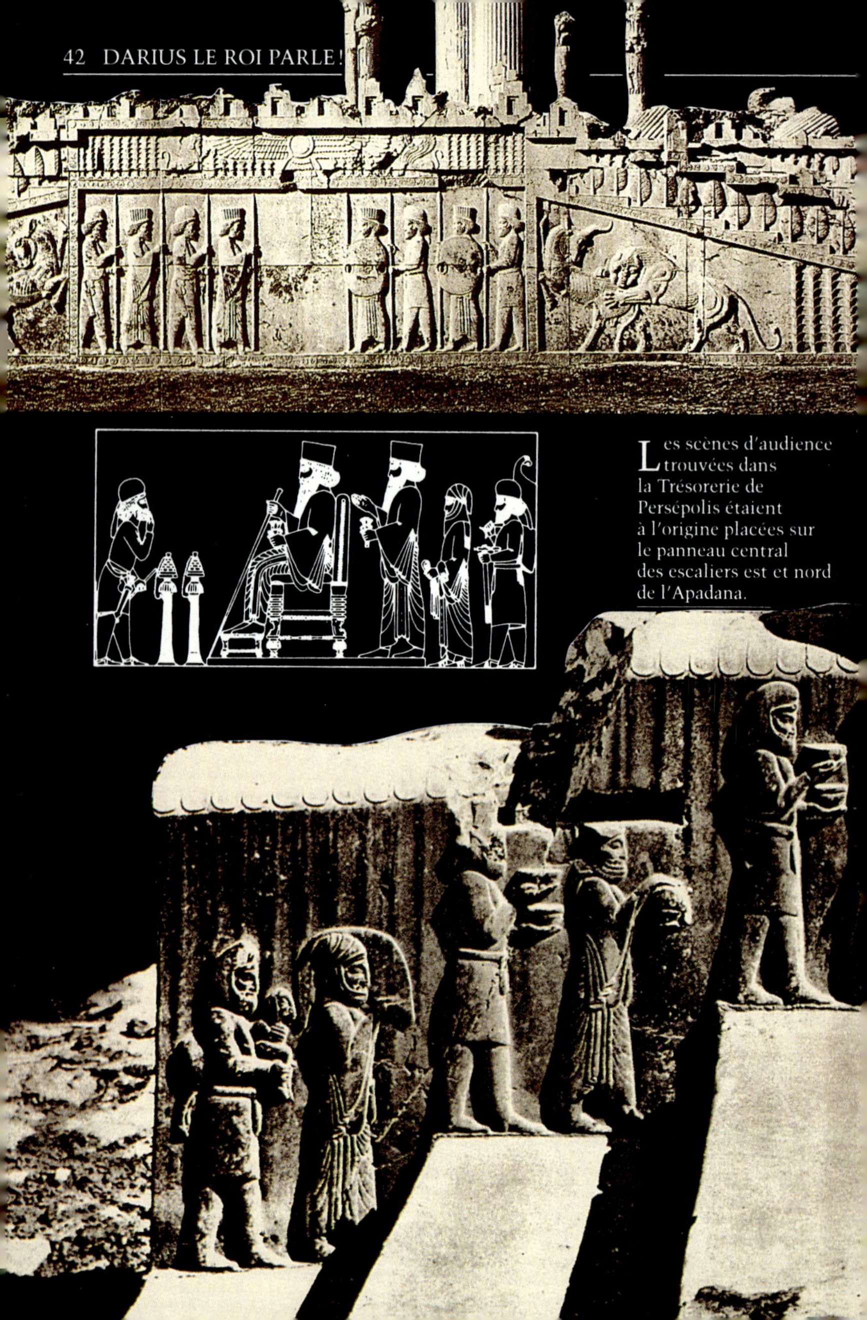

Les scènes d'audience trouvées dans la Trésorerie de Persépolis étaient à l'origine placées sur le panneau central des escaliers est et nord de l'Apadana.

Sur les parois externes (en haut) et internes (ci-contre) des escaliers monumentaux menant à la salle d'audience de Persépolis, des files de lanciers de la garde et des théories de serviteurs de la table royale exaltent la puissance du Grand Roi et les fastes de la cour. A l'image des jardins royaux où le ro et ses proches aimaien à se délasser, palmiers et cyprès atténuent quelque peu la sévérité de ces représentations officielles.

afin que l'enfant devienne aussi beau que possible ».

Il revenait aux sculpteurs de donner du Grand Roi une image parfaite. Sur tous les reliefs, il est systématiquement rehaussé par rapport aux autres personnages. Xénophon ne cache pas que, pour impressionner ses sujets, il avait recours à des artifices (barbes et moustaches postiches, talonnettes...), car «le Grand Roi estimait que les chefs devaient se distinguer de leurs sujets».

La vie de cour est rythmée par des fêtes, au premier rang desquelles figurent les banquets royaux

Chaque jour, la Table royale nourrit non seulement le roi et ses proches, mais aussi tout le personnel de la cour : hauts officiers, administrateurs, représentants des différents peuples de l'empire, gardes du palais, favoris... En tout quinze mille personnes. Mais bien peu sont conviés à partager le repas du souverain, et aucun n'est admis à sa table, sauf, exceptionnellement, sa mère, ses frères ou l'une de ses femmes. En règle générale, le roi prend ses repas seul. Il est servi par des personnes de toute confiance. Les domestiques chargés d'apporter les plats doivent préalablement prendre un bain et revêtir une robe blanche. L'échanson goûte le vin avant de le verser dans une coupe réservée à l'usage royal. Par mesure de sécurité supplémentaire, l'eau et

«Des lits d'or et d'argent bien tendus, des tables d'or et d'argent, un repas somptueusement servi...» Hérodote

Par leur faste et leur organisation minutieuse, les banquets royaux étaient comparables à celui qu'un relief assyrien (ci-dessus) situe à la cour d'Ashurbanipal (669-630). A gauche, un serviteur porte un chevreau destiné aux cuisines royales.

Haut lieu du pouvoir, le banquet est, pour le roi, l'occasion de redistribuer les richesses. Des milliers de soldats recevaient ainsi chaque jour leur nourriture. Quant aux invités, ils repartaient chargés de victuailles et de vaisselle précieuse (ci-dessous, une coupe en argent ornée de figures royales en or). Se voir attribuer le titre de commensal était un honneur exceptionnel et un avantage économique non négligeable.

Les cités qui accueillaient le Grand Roi devaient préparer la Table royale selon les mêmes règles qu'à Persépolis ou à Suse. Cela demandait des mois de besogne. Il fallait engranger les victuailles et fabriquer la vaisselle que, le lendemain, les Perses emportaient. «Bien qu'accablés, les peuples exécutaient tout ce qu'on leur ordonnait»!

le vin du Grand Roi sont d'ailleurs conservés dans des récipients spéciaux, bien protégés contre la coupable activité des empoisonneurs.

Ses invités personnels – ses commensaux – dînent dans une salle toute proche, séparée de la salle à manger royale par un rideau qui dérobe le roi à leurs yeux, mais qui lui permet de les voir. A la fin du dîner, des huissiers viennent proclamer, chaque soir, les noms de ceux que le roi a conviés à partager son *symposion*, au cours duquel on échange des toasts, sans lésiner sur la boisson.

Parmi tous les banquets, celui que l'on organisait lors de l'anniversaire du Grand Roi revêtait une importance particulière. «C'est la seule occasion où le roi se parfume la tête, et il fait alors des cadeaux aux Perses. [...] La coutume voulait que, ce jour-là, toute demande soit satisfaite par le Roi» (Hérodote). Le *Livre d'Esther* décrit, lui, le magnifique banquet d'Ashuérus (Xerxès), donné pendant sept jours dans le jardin du palais royal de Suse.

Périodiquement, des chasses sont organisées dans les «paradis royaux»

Ces «paradis», ce sont à la fois des lieux de repos, des centres horticoles et des réserves de chasse où sont

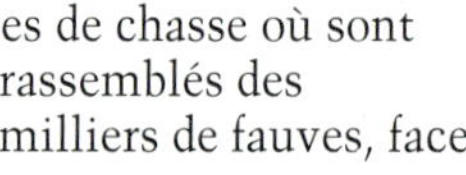

rassemblés des milliers de fauves, face

L'habitude d'établir de vastes jardins, arrosés par des sources ou par des canaux d'irrigation, est déjà bien attestée à l'époque assyrienne, tant par les reliefs (ci-dessus) que par les inscriptions. Les Perses les appellent des *paradis*. Il y en avait dans toutes les satrapies de l'empire. La caravane royale pouvait y faire halte.

auxquels le monarque pourra faire preuve de sa puissance et de son courage. Il y en a dans toutes les satrapies. Le roi s'y rend accompagné de toute sa cour, y compris ses trois cent soixante concubines. Cependant, seuls ses Fidèles sont autorisés à rester près de lui.

L'étiquette veut que le premier coup soit réservé au roi, mais aussi que ses proches protègent sa vie. Deux règles non écrites parfois difficiles à observer. Pour avoir tué un lion avant le roi, Mégabyze fut condamné à mort par Artaxerxès Ier. Grâcié, il n'en fut pas moins dépouillé de ses titres honorifiques (tel celui de commensal) et exilé dans une île du golfe Persique. A l'inverse, Tiribaze fut admis dans le premier cercle de la faveur royale, parce qu'il n'avait pas hésité à affronter des fauves qui s'étaient jetés sur le char d'Artaxerxès II. Il est vrai qu'entre-temps ce roi avait assoupli les rigueurs de l'étiquette.

Divertissement de cour très prisé et maintes fois représenté sur des cachets (ci-dessous), la chasse est aussi l'occasion pour le roi de faire montre de son courage. Un cachet unique en son genre (à gauche), inscrit au nom de Darius, le représente sur son char, armé de son arc, décochant une flèche contre un lion gigantesque dressé sur ses pattes arrière, tandis qu'un lion plus petit gît sous les pattes des chevaux. Il s'agit à l'évidence d'une mise en scène des qualités royales. Par les cachets aussi se diffusait dans tout l'empire l'image de la grandeur royale.

« Si tu penses encore : "Combien y avait-il de pays que détenait le roi Darius ? ", regarde les images qui portent le trône. Alors tu sauras que la lance du guerrier perse est parvenue au loin, alors tu sauras qu'au loin de la Perse, le guerrier perse a livré bataille. »

Inscription de Darius sur son tombeau
à Naqsh-i Rustam

CHAPITRE II
DARIUS ET SES PEUPLES

Les peuples de l'empire portent le trône du Grand Roi, tandis que le prince héritier se tient debout derrière le trône (à gauche, sur un relief de Persépolis). On retrouve ces peuples mobilisés dans une entreprise de construction commune de la nouvelle capitale sur les Chartes de fondation de Suse, inscrites sur l'argile (à droite).

Dans une inscription gravée sur sa tombe, s'adressant à ceux qui contempleront le relief, Darius se présente ainsi : «Roi de la multitude, seul maître de la multitude, je suis Darius le Grand Roi, le Roi des rois, le roi des pays de toutes ethnies. Voici le royaume que je détiens : depuis les Sakas d'au-delà de la Sogdiane jusqu'au pays de Kush, depuis l'Indus jusqu'à Sardes.» Inscriptions, reliefs et palais, tout, à Suse et à Persépolis, exalte l'immensité de la domination territoriale du Grand Roi.

Entre vingt et trente pays «ont apporté leur tribut» et obéi à la loi du roi, «de jour comme de nuit». Leurs noms autant que leur nombre varient d'un document à l'autre. C'est que ces documents – inscriptions, reliefs ou tablettes – ne sont ni des catalogues administratifs ni des états statistiques des ressources de l'empire. Ils sont avant tout porteurs d'un message idéologique : l'empire du Grand Roi est immense, la variété ethnique et linguistique de ses peuples est extrême, le souverain y exerce un pouvoir sans limite, grâce à l'appui constant d'Ahura-Mazda, le grand dieu de la dynastie et du pouvoir perses.

C'est un message identique qui se dégage des chartes de fondation du palais de Darius, retrouvées en plusieurs exemplaires à Suse. Le roi y énumère les

A Persépolis, sur la frise des Tributaires, les délégations des peuples sujets (ci-dessous), conduite chacune par un huissier (à droite), apportent au Grand Roi des produits de leurs pays, dans une mise en scène qui symbolise la mainmise sur les productions des régions soumises. En l'absence d'inscription, on les identifie par ces produits ou par les vêtements. Les Indiens apportent haches, chevaux et poudre d'or, et les Gandariens des bœufs à bosse. A Suse, les peuples ont été représentés sur des fresques dont on a retrouvé des traces (ci-dessus, un Arachosien, à gauche un Mède).

peuples qui ont contribué aux travaux, en fournissant aussi bien des matériaux qu'une main-d'œuvre spécialisée : les peuples de l'empire sont réunis dans une œuvre que l'on s'efforce de présenter comme commune.

Des milliers de travailleurs venus de tout l'empire ont été rassemblés sur les immenses chantiers royaux

Un lot d'archives – les tablettes du Trésor de Persépolis – en donne une illustration très vivante. On y rencontre des artisans venus des pays les plus divers – de Syrie, d'Egypte, d'Ionie, de Carie... – et spécialisés dans de nombreux métiers : tailleurs de pierre, maçons, travailleurs du bois, graveurs, orfèvres... Ils sont regroupés en équipes dirigées par des contremaîtres, touchent des rations alimentaires ; les femmes qui viennent d'accoucher reçoivent des allocations supplémentaires.

Lors de la mise en chantier d'un édifice, on enfouissait des plaques de fondation. Deux paires de plaques en or et en argent, retrouvées sous l'Apadana de Darius, exaltent la domination territoriale, de l'Asie centrale jusqu'au sud du Nil, et de l'Indus jusqu'à Sardes.

Un dessin sur le pied d'une représentation de Darius, quelques autres graffiti, une tablette inscrite en grec et des inscriptions dans des carrières proches attestent la présence de Grecs parmi les travailleurs employés sur les chantiers de Persépolis. Les artistes grecs, comme les Lyciens ou les Egyptiens, se bornaient à graver ou à orner des reliefs composés selon des directives précises émanant des autorités perses. Ci-dessous, les Babyloniens, avec un bœuf à bosse, des vêtements et des coupes, et les Saces offrant, outre des vêtements, un étalon et des bijoux.

D'autres tablettes, découvertes dans la fortification, montrent que l'éventail ethnique couvrait pratiquement tout l'empire, et que ces travailleurs n'étaient pas simplement utilisés sur les chantiers de construction. On les trouve également en grand nombre dans les villages de Perse, où ils sont employés pour les cultures et l'élevage ou dans les ateliers de transformation de produits naturels (fabrication de parchemin, tissage...). Ce sont eux qui cultivent les terres de la couronne, ainsi probablement que les terres données aux grands officiers de la cour.

Le terme générique utilisé pour les désigner, celui de *kurtash* (travailleur), ne permet pas de déterminer en toute certitude leur statut. Les groupes de *kurtash* étaient déplacés d'un endroit à l'autre, en fonction des décisions prises par l'administration royale. Dans ces conditions, il ne fait guère de doute que nombre d'entre eux – sinon la majorité – ont été déportés en

Perse, sous une forme juridique qui les rapproche des esclaves plutôt que des hommes libres. La seule liberté qui leur était laissée était de continuer à pratiquer leurs cultes.

Parmi ses peuples, le Grand Roi réserve un statut privilégié aux Perses

Hérodote affirme que, parmi tous les pays, seule la Perse est exempte du versement du tribut. «Roi des pays de toutes les ethnies», Darius ne s'en présente pas moins comme «un Perse, fils de Perse, un aryen de souche aryenne», ou bien encore «roi en Perse». Certes, les Perses font partie des populations soumises au roi mais, dans les listes de pays, la Perse tient toujours un rôle central, l'espace impérial s'organise autour d'elle.

La distribution des charges ne laisse aucun doute sur cette réalité. Les postes de décision politique, notamment ceux de satrapes, sont confiés à des ressortissants des grandes familles perses, qui reçoivent en échange des terres de fonction. Il en est de même dans l'armée, où en outre nombre de chefs appartiennent à la famille rapprochée de Darius. Ainsi, des quatre généraux qui menèrent l'offensive

Des fragments d'un vase grec donnent une image de la diversité ethnique de l'empire : ci-dessus, un Perse barbu, portant le traditionnel bonnet de feutre (*bashlyk*); à gauche, un esclave éthiopien.

contre les Ioniens révoltés en 499, l'un était le frère du roi et les trois autres ses gendres. Parmi les commandants de l'expédition que, quelque vingt ans plus tard, son fils et successeur Xerxès conduisit en Grèce, on relève sept fils de Darius, un de ses gendres, plusieurs de ses neveux ainsi que le beau-père de Xerxès.

Les élites des pays conquis assurent, elles, assez fréquemment des fonctions d'exécution dans la satrapie : scribes, administrateurs financiers, intendants...

Les rapports entre le Grand Roi et les aristocrates perses sont fondés sur l'échange dons-services

Tous les auteurs grecs soulignent que le Grand Roi fait montre de *polydôria*, c'est-à-dire d'une exceptionnelle capacité à distribuer cadeaux (*dôra*) et récompenses à ceux qui l'ont bien servi et qui, pour cette raison, sont inscrits dans le Livre des Bienfaiteurs. Hérodote rapporte que, lors de la bataille de Salamine, les secrétaires royaux enregistraient par écrit le nom des commandants qui se distinguaient sous les yeux du roi.

Le Grand Roi s'appuie sur les aristocrates perses, et, à un degré moindre, sur les Mèdes, proches parents des Perses par la culture et la langue : les uns et les autres appartiennent à la grande famille des Aryens, terme qui qualifie parfois Darius et Xerxès. Mais, à la différence des Perses, les Mèdes font partie des peuples tributaires et, comme tels, sont représentés sur les frises de Persépolis. Il en est de même des peuples iraniens d'Asie centrale (ci-dessous, à gauche, les Parthes), région d'où est originaire le chameau, ou encore d'un autre peuple iranophone, les Arméniens (ci-dessous à droite), dont les haras étaient réputés.

Le satrape est l'image du roi dans les provinces. C'est ainsi que sur cette monnaie de Datamès (IVe siècle), on le voit assis sur un trône, l'arc à la main et surmonté du disque d'Ahura-Mazda. Dans les provinces, les cours satrapiques sont organisées sur le modèle de la cour royale. On y donne banquets et chasses. Il était tout aussi difficile d'obtenir une audience du satrape que du Grand Roi! Les jeunes aristocrates perses y suivaient le même entraînement que s'ils avaient été à Persépolis ou à Suse, et, de Sardes à Bactres, les Perses rendent un culte à leurs divinités traditionnelles.

Des ressortissants de tous les peuples pouvaient se prévaloir du titre de Bienfaiteur, mais le système visait avant tout à assurer au Grand Roi la loyauté d'une aristocratie perse turbulente et à transformer une noblesse clanique en une noblesse de cour. Et parmi les Bienfaiteurs, seuls des Perses recevaient le titre de Fidèle : ce sont ceux que Darius, à Behistoun, nomme ses *bandaka*, liés au roi par des liens de nature personnelle.

Les nobles recevaient du roi toutes sortes de cadeaux : des robes d'apparat, des colliers et des bracelets en or, des mors en or pour les chevaux, des armes, mais aussi des titres – porteur d'armes royales, commensal, conseiller... – et des terres ou des domaines qui, sans jamais devenir leur propriété, leur permettaient de mener une vie luxueuse, gage de reconnaissance sociale. La nomination à un poste de satrape était également source de grande richesse et de prestige.

Tous ces dons pouvaient être repris, si le bénéficiaire perdait la faveur royale. Les comptes rendus de procès instruits contre des nobles soupçonnés de trahison montrent que, avant de prendre une décision, le roi «faisait le compte du bien et du mal» – en d'autres termes, il évaluait la qualité des services rendus par l'accusé. La richesse et le prestige social des hauts aristocrates dépendaient ainsi du regard que portait sur eux le souverain.

«Monter à cheval, tirer à l'arc et dire la Vérité»

Pour maintenir et enraciner le système, les jeunes aristocrates étaient arrachés très tôt à leur famille et insérés dans un système de classes d'âge maintes fois décrit par les auteurs grecs. Selon Hérodote, ils n'apprenaient

« Je récompense largement les hommes de bonne volonté. »

Dons royaux par excellence, les épées courtes (*akinakès*) et les bijoux étaient des marques de prestige qui, à la cour, distinguaient le noble récompensé. Tous ces dons pouvaient être repris. Un noble tombé en défaveur devait utiliser pour boire une coupe en céramique, au lieu des riches coupes en or ou en argent réservées aux compagnons du roi. Ainsi, le roi s'attachait les aristocrates, en particulier perses, dans un lien de nature personnelle qui tendait à casser les liens familiaux.

que trois choses : «Monter à cheval, tirer à l'arc et dire la Vérité». La cavalerie a toujours constitué la reine des batailles chez les Achéménides et l'habileté des Perses à manier l'arc est bien attestée. Mais l'éducation, certainement à dominante militaire, ne se réduisait pas à un simple dressage physique. Des mages transmettaient aux jeunes, sous forme de récits et de chants, les exploits des «grands hommes», les héros-fondateurs de l'empire, intégrés dans la mythologie, et exaltaient le souvenir de Cyrus l'Ancien. C'est de cette manière qu'ils apprenaient à «dire la Vérité», c'est-à-dire à maintenir une loyauté absolue envers le souverain.

Au terme de leur éducation, les jeunes, laissés à eux-mêmes dans la nature, se nourrissant exclusivement des produits de la chasse et de la cueillette, devaient faire la preuve de leur endurance physique et morale. Les plus méritants recevaient des dons du roi lui-même.

L'un des privilèges les plus recherchés était de faire partie de ceux qui accompagnaient le roi à la chasse, et ainsi de saisir l'occasion de se distinguer sous ses yeux. La chasse figurait d'ailleurs en bonne place parmi les exercices auxquels étaient soumis les adolescents perses lors du dressage qui devait en faire des fidèles du roi. Strabon nous a laissé une description de ce dressage.

“Les éducateurs divisent les garçons par cinquantaines, nomment comme chefs des fils du roi ou d'un satrape, et ils leur ordonnent de suivre leur chef à la course. [...] Ils les entraînent également à parler d'une voix forte et à respirer pour fortifier leurs poumons. Les éducateurs les entraînent aussi à endurer le chaud, le froid, la pluie, et à traverser les torrents en crue sans mouiller leurs armes et leurs vêtements, et aussi à surveiller les troupeaux et à vivre dehors chaque nuit et à manger des fruits sauvages, tels que des noix de pistache, des glands et des poires sauvages.[...] Ils chassent en lançant leurs lances du haut de leur cheval, ainsi qu'à l'aide de l'arc et de la fronde.”

Strabon

L'unification des territoires autour de la Perse n'empêche pas le Grand Roi de respecter la diversité culturelle des populations sujettes. Ainsi, en Égypte...

A peine trois ans après son avènement, en 519, le Grand Roi envoya à son satrape en Egypte l'ordre de rassembler les sages égyptiens – prêtres, guerriers et scribes – afin de leur demander de collecter toutes les lois anciennes du pays jusqu'à la quarante-quatrième année du pharaon Amasis (526). La commission travailla durant seize ans (519-503) et produisit le document requis, en démotique, la langue du pays, et en araméen, la langue des chancelleries achéménides qui était utilisée couramment dans tout l'empire. Le livre comprenait toutes les jurisprudences connues ainsi que des conseils aux juges. C'est à partir de ce recueil que ceux-ci prirent désormais leurs décisions.

Il ne fut en effet jamais question d'imposer à l'Egypte – ou à l'un quelconque des pays soumis – un code de lois iraniennes, pas plus que les Perses ne cherchèrent à

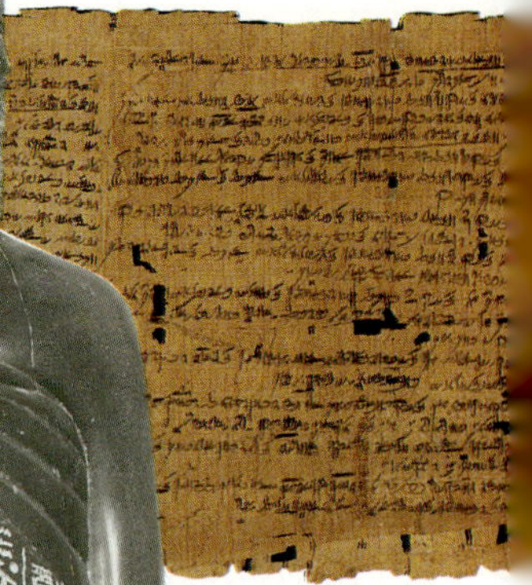

Udjahorresm, comme nombre de dignitaires égyptiens, se rallia au Grand Roi. Les inscriptions portées sur sa statue (ci-contre et à droite; la tête n'est pas d'origine) nous apprennent que c'est lui qui a composé la titulature pharaonique de Cambyse et qu'il a introduit le Grand Roi dans le sanctuaire de Saïs. Il fut envoyé de nouveau en Egypte par Darius et joua peut-être un rôle dans le collationnement des jurisprudences égyptiennes consignées dans un document d'époque hellénistique, la *Chronique démotique* (ci-dessus). Selon ce document, Cambyse aurait réduit de manière brutale les revenus de certains des sanctuaires : tout respectueux qu'il fût des cultes égyptiens, le nouveau pharaon se devait de contrôler la puissance financière des grands sanctuaires.

diffuser leur propre langue. Et Diodore de Sicile rapporte que Darius était considéré comme un des grands pharaons-législateurs.

«Roi de Haute et Basse-Egypte, maître des deux terres», Darius mène une politique de grands travaux digne des pharaons

Pharaon lui-même, il poursuit l'œuvre de ses prédécesseurs, faisant restaurer ou construire des sanctuaires. Son intervention est visible à Saïs, à El-Kab ou encore à Karnak. A Saïs, il fait remettre en état la Maison de vie, qui était à la fois une école de médecine et un lieu de rassemblement des lettrés. C'est probablement dans le sanctuaire d'Héliopolis que fut d'abord placée la statue royale, transportée ensuite par Xerxès à Suse. La pierre provenait des carrières du Wadi-Hammamât, utilisées de tout temps et dirigées à l'époque de Darius et de Xerxès par des Perses de haute lignée, qui, dans leurs inscriptions, invoquent des divinités égyptiennes.

•• Voici la statue de pierre que Darius le Grand Roi a ordonné de faire en Egypte, afin que celui qui, à l'avenir, la verra, sache que l'homme perse tient l'Egypte. ••

Sur cette statue retrouvée à Suse, des inscriptions en cunéiforme célèbrent la gloire du conquérant, tandis que des hiéroglyphes le présentent comme un pharaon : «Le Roi de Haute et Basse-Egypte, maître des deux Terres, Darius – qu'il vive éternellement! – le Grand Roi, le Roi des rois, le seigneur suprême de la terre [dans sa totalité, le fils du] Père-d'un-dieu Hystaspes, l'Achéménide, lui qui est apparu en Roi de Haute et Basse-Egypte sur le siège où Horus règne sur les vivants, comme Rê à la tête des dieux, éternellement.» Le roi est vêtu de la robe perse mais, sur le socle (détail en haut à gauche), les peuples de l'empire sont figurés à l'égyptienne, à genoux, les bras levés en signe de soumission, comme portant la statue. Sur la porte d'un naos égyptien (à gauche), Darius est représenté en pharaon devant Anubis sur son trône et Isis.

Dans le temple d'El-Hibé (à gauche), que Darius a fait élever, des inscriptions louent l'œuvre du Grand Roi-pharaon, «seigneur d'Hibé». «Les dieux sont en allégresse, Ammon-Rê a vu les salles précieuses, splendides et confortables de son temple. Il n'y a pas d'autre prince qui soit grand comme le roi de la Haute et Basse-Egypte, Fils de Rê, Darius, souverain de tous les princes de tous les pays étrangers...» Darius y est représenté à de multiples reprises en pharaon, présentant des offrandes aux dieux et déesses du panthéon égyptien. Sur l'un des panneaux d'une salle hypostyle, la déesse Neith de Saïs allaite le jeune Darius (au centre). Il s'agit d'une scène d'investiture égyptienne traditionnelle, qui est explicitée par des inscriptions.

La présence du roi est éclatante dans le temple d'Hibé, qu'il éleva dans l'oasis d'El-Khargeh et dédia prioritairement à Ammon-Rê. Sur le mur extérieur, des inscriptions rendent compte de la satisfaction éprouvée par le dieu devant l'œuvre de Darius, salué comme «le Roi de Haute et Basse-Egypte, Fils de Rê, le souverain de tous les princes de tous les pays étrangers». Les textes soulignent la piété filiale dont il a fait preuve en l'honneur de «son père Aménabis, grand dieu, puissant de bras...».

De toutes les entreprises de Darius, la plus «pharaonique» est certainement le creusement d'un canal entre le Nil et la mer Rouge, attesté par plusieurs stèles retrouvées le long du tracé. Selon Hérodote et Diodore, le Grand Roi reprenait des travaux commencés par le pharaon Néchao (610-595).

Hérodote voit dans l'ouverture de ce canal la confirmation d'une politique commencée avec l'expédition de circumnavigation de l'Arabie, lancée vers 518 à partir de l'Indus. Des stèles retrouvées sur

❝ Paroles à dire par Neith la Grande, la mère divine, dame de Saïs qui préside à Hibis [...]. Saisis, ô jeune, ses mamelons avec ta bouche, c'est la Puissante qui est en tête de Saïs [...]. Paroles à dire par Neith la Grande, dame de Saïs : «J'allaite ta personne avec mon lait, de sorte que tu assembles la Double-Terre avec tous les peuples soumis dans mon poing, ô mon fils ! ❞

le trajet du canal rapportent également qu'un ou plusieurs vaisseaux porteurs de tributs quittèrent l'Egypte pour Suse. En réalité, il n'exista jamais de ligne de navigation régulière entre la mer Rouge et le golfe Persique. Utile certainement au pays égyptien, le creusement du canal est surtout, pour Darius, une manière d'affirmer son pouvoir illimité sur les terres et les mers, pouvoir dont on ne trouvait nul précédent : «Jamais chose pareille n'était arrivée», conclut le rédacteur de la stèle de Kabret.

A Jérusalem, il accorde aide et protection aux Judéens

Vers 538, les Judéens exilés à Babylone avaient été autorisés par Cyrus le Grand à rentrer à Jérusalem et à y reconstuire le Temple de Yahweh. Depuis lors, la communauté avait connu beaucoup de difficultés, d'ordre politique et économique, et les travaux avaient peu avancé. En outre, il est possible que certains esprits échauffés aient songé à profiter des difficultés que Darius connut en 522-520 pour proclamer l'indépendance judéenne, mais ils étaient manifestement minoritaires.

Tattenaï, le gouverneur de Transeuphratène (qui dépendait du satrape de Babylone) vint faire une tournée d'inspection en Juda en 519-518. Il avait été alerté par les voisins, inquiets de l'ampleur des travaux de construction qui avaient repris à Jérusalem. Les Anciens s'avérant incapables de produire l'édit de Cyrus, le gouverneur – lui-même tenté

Les objets quotidiens reprenaient souvent des motifs perses, tel ce lion sur un peigne.

Un des devoirs du pharaon était de conduire les cérémonies funèbres célébrant l'inhumation du taureau sacré Apis. Une stèle retrouvée dans le Serapeum de Memphis (à droite) montre que Darius s'en est acquitté.

«L'an 4, le troisième mois de la saison Shemou, jour 13, sous la Majesté du Roi de Haute et de la Basse-Egypte Darius, doué de vie comme Rê éternellement [...], ce dieu fut conduit en paix vers le bel Occident et on le fit reposer dans la nécropole, à la place que lui avait faite Sa Majesté.»

d'arrêter les travaux – écrivit à la cour centrale pour demander des instructions. Après de vaines recherches à Babylone, on retrouva à Ecbatane une

Depuis leur retour de Babylone, les Judéens vivent à nouveau dans le pays de Juda, érigé en une province (*medinah*), elle-même incluse dans l'immense satrapie de Babylonie et de Transeuphratène, qui s'étend du Nil jusqu'au Tigre. Comme tous les peuples sujets, ils versent un tribut et de nombreuses autres taxes, tel l'impôt dénommé «table du gouverneur». Le pays est dirigé à Jérusalem par un gouverneur (*pacha*) d'origine judéenne, mais, de temps à autre, les autorités achéménides de Babylone ou de Damas envoient des représentants chargés de contrôler les autorités locales. C'est peut-être au nom d'un de ces inspecteurs de Juda qu'est inscrit un sceau (ci-dessus) sur lequel est représenté un personnage barbu levant les mains en signe de respect vers un autre personnage sortant d'un croissant de lune.

copie de cet édit. Darius enjoignit alors «au gouverneur Tattenaï et à ses collègues» de laisser les Judéens reconstruire le Temple. A cette fin, le Grand Roi fit des dons en argent et en nature. Grâce à la protection royale, les travaux de construction furent activement poursuivis, et le Temple put être inauguré peu après.

En Asie Mineure, il réprimande un administrateur coupable d'avoir attenté aux privilèges d'un sanctuaire

Connue dans une version grecque tardive (mais authentique), une lettre royale atteste de la protection exercée par le Grand Roi sur les sanctuaires des pays conquis. Darius s'adresse à Gadatas, qui détenait peut-être la charge d'intendant d'un paradis royal. Gadatas est accusé d'avoir requis sous forme de corvées la main-d'œuvre attachée au sanctuaire d'Apollon, proche de Magnésie du Méandre, et de l'avoir contrainte à payer un tribut. En cela, il avait contrevenu à une ordonnance royale antérieure à l'accession au pouvoir de Darius, qui concédait au sanctuaire une exemption de taxes et de corvées.

En Babylonie, à l'instar de Cyrus et de Cambyse, il se pare du titre de «Roi de Babylone, roi des pays»

Bien des Babyloniens sont intégrés dans l'administration locale. Villes et sanctuaires ont conservé leur mode de gouvernement antérieur à la

Datées des années 470, les fresques peintes sur les parois d'une tombe de Karaburun, en Lycie, dont l'exécution a probablement été réalisée, en partie du moins, par des artistes d'origine grecque, dénotent l'influence perse parmi les petits princes. Le prince est représenté sur son lit de banquet, couché sur un matelas et des coussins. La forme et la décoration des bijoux et des coupes dénotent une évidente influence achéménide. Sa tête est ceinte d'un diadème orné de perles, à l'orientale.

conquête perse. Mais, désormais, territoires et populations font partie d'une immense satrapie qui s'étend depuis le Tigre jusqu'aux frontières de l'Egypte. Cette satrapie est dirigée par «le gouverneur de Babylonie et de Transeuphratène», qui a sous ses ordres un personnel nombreux, y compris sans doute un sous-gouverneur posté à Damas, chargé de l'administration des pays d'outre-Euphrate, parmi lesquels la Syrie, Chypre, Juda et les riches cités marchandes phéniciennes et palestiniennes.

La Lycie est un exemple typique de ces régions où s'entremêlaient intimement traditions indigènes (lyciennes) et influences grecques et achéménides. Dans bien des sites, à Xanthos notamment, on retrouve des motifs empruntés à l'iconographie perse : scènes de chasse et de combats, banquets... Les artistes qui y ont œuvré, d'origine grecque pour certains, ont peut-être visité Persépolis ou ont copié, plus ou moins fidèlement, les scènes qu'ils pouvaient voir représentées dans les cours satrapiques d'Asie Mineure. C'était là une manière, pour les aristocraties locales, de s'identifier à l'aristocratie perse.

Le respect général manifesté par les Perses envers les cultes et sanctuaires va de pair avec une grande vigueur de l'administration satrapique. On le voit très clairement en Babylonie, où les principaux sanctuaires sont de véritables puissances économiques, disposant de terres étendues, de troupeaux considérables, d'ateliers de fabrication, et surtout d'une main-d'œuvre très abondante, composée essentiellement d'esclaves et de paysans-dépendants. Or, la gestion de ces biens n'est pas laissée à l'initiative des seuls administrateurs du sanctuaire. L'administration royale a sur place un représentant, le Principal du Roi, qui intervient fréquemment. De même, le satrape de Babylone prend régulièrement des décisions judiciaires en ce domaine.

Dans des régions où la présence perse était peu pesante, les artisans continuent de fabriquer des objets selon les traditions locales, tel cet encensoir porté par une caryatide, trouvé près d'Amman. Toutefois, non loin de là, à Pétra, on a mis au jour un impressionnant lot de bijoux en or, fabriqués suivant les normes des orfèvres de la cour.

L'unité de l'empire est assurée par une organisation administrative uniforme et par des communications étroites entre pouvoir central et provinces

Chaque capitale satrapique est pourvue d'une forteresse et d'un Trésor. Le cadastre et le montant des tributs sont enregistrés dans

des archives officielles comparables à celles qu'on a retrouvées à Persépolis – tablettes du Trésor et tablettes des Fortifications.

Les ordres royaux sont transmis régulièrement par des courriers rapides, qui trouvent gîte et ration sur les grandes routes royales dont le réseau couvre tous les territoires de l'empire. Pour faire parvenir plus rapidement certains messages (des ordres simples), on utilise des signaux de feu allumés de montagne en montagne.

La Babylonie est une des provinces les plus riches de l'empire. Les sanctuaires sont de véritables puissances économiques et financières, possédant d'immenses domaines et des milliers de têtes de bétail. Ils sont administrés par les citoyens des villes dont ils dépendent mais doivent fournir au Grand Roi produits, main-d'œuvre et soldats. (Ci-contre, une ziggourat, temple à degrés érigé depuis des millénaires par les Babyloniens).

Les contacts entre les Perses de la diaspora impériale et les élites des pays soumis ont été de plus en plus actifs

Soucieux de préserver leur identité politique et culturelle, les Perses n'hésitent cependant pas à rendre un culte aux divinités locales, de manière à mieux s'immerger dans la population dont ils ont la charge. C'est ainsi qu'un Perse de haut rang, le gouverneur de Coptos, en Egypte, invoque les dieux Min, Horus et Isis, et que son frère prend un surnom égyptien. Quant aux aristocraties indigènes, elles cherchent souvent à adopter le mode de vie des Perses, afin d'accéder à un statut de prestige inégalé.

Le Grand Roi lui-même se déplace parmi ses peuples

Souvent décrit par les Grecs comme cloîtré au fond de ses palais, le Grand Roi vient en réalité fréquemment à la rencontre de ses sujets. La cour achéménide est sans cesse en mouvement, s'établissant selon les saisons à Suse, à Babylone, à Ecbatane ou en Perse. C'est un véritable camp de tentes itinérantes, qui compte des milliers de personnes : le Grand Roi et sa suite, les serviteurs, les écuries royales, la cuisine, etc.

Lorsque le cortège parvient à quelques kilomètres d'une ville, les autorités viennent à sa rencontre, en cortège elles aussi, apportant des cadeaux en signe de soumission. Puis c'est l'entrée officielle. La ville doit nourrir le roi et ses commensaux, ce qui représente une charge énorme. Selon Hérodote, lors du passage de Xerxès en 480, Thasos, une cité grecque de Thrace, dut dépenser 400 talents, y compris la vaisselle d'or et d'argent emportée à son départ par la caravane royale! De cette manière, le Grand Roi renouvelle périodiquement les liens d'autorité qu'il entretient avec les peuples de son royaume.

L'or et l'argent des coupes à boire étaient rehaussés de décorations ouvragées, qui, souvent, reprenaient des thèmes animaliers. Les auteurs grecs ont dressé de véritables catalogues des coupes et vases utilisés par les Perses lors des banquets. Ils étaient d'autant mieux informés qu'après les grandes batailles livrées en 480-479, ils mirent la main sur le camp des Perses, et notamment sur la tente de leur chef, Mardonios.

« [Ils] trouvèrent des tentes enrichies d'or et d'argent, des lits plaqués d'or et d'argent, des cratères, des coupes et différents vases à boire en or; ils trouvèrent dans des chariots des sacs qui révélèrent leur contenu, des chaudrons d'or et d'argent; aux corps gisant sur le sol ils n'enlevèrent que leurs bracelets, leurs colliers et leurs glaives, qui étaient en or. »

Hérodote

Dans chacun de ses déplacements, le roi est suivi de serviteurs portant un parasol et un chasse-mouches. Au palais, des couloirs lui étaient réservés, lui seul pouvait fouler les riches tapis de Sardes jetés sur le sol. Lorsqu'il arrivait dans une de ses bonnes villes, les dignitaires et la population venaient l'accueillir aux portes de la cité. Il faisait son entrée officielle à cheval ou, plus souvent, sur son char, tel un triomphateur. Les Babyloniens accueillirent Alexandre comme ils avaient accueilli naguère le Grand Roi. Quinte-Curce raconte que le chef perse du Trésor «avait jonché le chemin entier de fleurs et de couronnes; des deux côtés étaient disposés des autels d'argent, où il avait accumulé, outre l'encens, des parfums variés. A sa suite, venaient ses présents : troupeaux de bétail et de chevaux; l'on portait aussi, dans ces cages, des lions et des panthères».

« Après la prise de Babylone, Darius en personne marcha contre les Scythes. La riche floraison en Asie de population masculine et l'abondance des ressources qui confluaient dans le trésor lui avaient fait concevoir en effet le désir de se venger d'eux. »

Hérodote

CHAPITRE III
DES SABLES LIBYENS AUX BOUCHES DU DANUBE

Le roi se déplace tantôt sur son cheval, tantôt sur son char, comme ici sur une monnaie de Sidon. Quant au chameau, que les Grecs ont découvert avec les armées perses, il n'était utilisé que pour transporter vivres et bagages.

En 513, la domination perse englobe, à l'ouest, les cités grecques d'Asie Mineure, les cités-royaumes de Chypre et de Palestine, l'Egypte et la Cyrénaïque. Elle s'y exerce grâce à l'alliance avec les tyrans des cités grecques (Milet, Ephèse...), qui doivent leur pouvoir au Grand Roi, et avec les rois des cités phéniciennes, et s'appuie sur une flotte puissante – la plus puissante du monde méditerranéen.

Pourtant, à l'ouest, bien des régions ne sont encore incluses que nominalement dans l'espace impérial. L'ambition du pouvoir central reste de renforcer sa domination, voire de l'étendre. Dès 519, l'armée et la flotte d'Otanès s'étaient emparé de Samos, une place commerciale de la plus haute importance. Cette volonté de mettre la main sur les îles de l'Egée allait constituer l'un des axes de la politique perse dans les décennies suivantes. Mais un axe parmi d'autres seulement : le Grand Roi n'a pas les yeux constamment fixés sur les rives de l'Egée.

Première étape de la marche vers l'ouest : restaurer le pouvoir là où il était menacé, en Cyrénaïque

Habitée par des peuples libyens, la Cyrénaïque avait été colonisée par les Grecs, qui s'étaient implantés dans plusieurs villes côtières : Cyrène, Barkè, Euespéride... En 525, Libyens et Cyrénéens étaient venus faire leur soumission volontaire à Cambyse, lui présentant des cadeaux dont la modicité avait irrité le conquérant de l'Egypte. Inscrits dans la satrapie d'Egypte, ils avaient depuis distendu leurs liens.

Un sceau des tablettes du Trésor de Persépolis porte une image rare dans l'iconographie perse : un navire de guerre. Les Perses, en effet, ne représentaient pas leur flotte, pourtant la plus puissante du monde méditerranéen. Le navire paraît copié sur ceux que l'on trouve sur les monnaies frappées par le roi de Sidon, mais la scène a été située dans un cadre babylonien, symbolisé par les palmiers. Ce document témoigne de la place tenue par les contingents de Sidon dans la flotte royale.

Dans les arsenaux installés sur les côtes d'Asie Mineure, à Chypre et en Phénicie, on pouvait construire pour chaque expédition trois cents à quatre cents navires de guerre ou servant au transport des vivres. Les peuples soumis fournissaient les rameurs, le commandement étant réservé aux Perses. Aucune expédition dans les pays littoraux ne pouvait être menée sans l'appui mutuel de la flotte et de l'armée qui progressaient de conserve.

“Ils avaient sur la tête des bonnets de feutre mou qu'on appelle tiares ; autour du corps, des tuniques à manches de couleurs variées, et des cuirasses formées d'écailles de fer, qui avaient l'apparence d'écailles de poisson.”

Hérodote

C'est un autre type de guerrier que figure cette image d'un vase grec. La scène le représente courant au combat, muni de ses armes : l'arc et la hache de guerre ; il porte à la taille son étui à arc et à flèches. Reconnus pour leur valeur au combat, les archers faisaient pleuvoir flèches et javelots sur les fantassins grecs, de manière à empêcher toute avancée. Mais la reine des batailles, pour les aristocrates perses, c'était la cavalerie.

En 513, le satrape d'Egypte Aryandès profita des désordres intérieurs en Cyrénaïque pour intervenir. Une armée de terre et une flotte convergèrent vers Barkè, qui fut prise. Un grand nombre de Grecs de Barkè furent envoyés à Darius, qui les déporta en Bactriane. La ville s'engagea à «payer au Grand Roi un tribut convenable». En revanche, les tribus libyennes continuèrent de harceler l'armée sur son retour. La domination perse sur la région ne fut guère effective. «La plupart d'entre eux n'ont cure aujourd'hui du roi des Mèdes et ne s'en souciaient aucunement alors», écrit Hérodote.

L'une des richesses de la Cyrénaïque était le sylphium, une plante bulbeuse utilisée aussi bien pour la cuisine que pour l'alimentation du bétail. La coupe d'Arcésilas (ci-dessous), du nom d'un roi de Cyrène, représente la pesée de la récolte. On y reconnaît le roi assis sur son tabouret; devant lui, des serviteurs et des fonctionnaires, chacun étant identifié par une inscription peinte.

Dans le même temps, Darius préparait une immense armée, qu'il se proposait de conduire en Europe, à la conquête des Scythes

Répartis en de nombreux peuples et tribus de la Crimée au nord de l'Ukraine, les Scythes d'Europe étaient proches cousins des Saces d'Asie centrale contre lesquels Darius avait mené une expédition vers 519-518. Afin de préparer l'offensive, Darius donna mission au satrape de Cappadoce de passer la mer Noire. Celui-ci en revint avec des prisonniers de haute naissance. Parallèlement, le Grand Roi ordonna à un architecte de Samos, Mandroclès, d'établir un pont sur le Bosphore, afin que son armée puisse traverser. Quant aux tyrans grecs, ils furent priés de fournir de nombreux vaisseaux de transport. L'armée perse parvint ainsi sur la rive gauche du Danube, tandis que les vaisseaux grecs mouillaient sur la rive droite, en attendant le retour de l'armée royale qu'ils étaient chargés de faire passer d'une rive à l'autre.

Face à Darius, les Scythes décidèrent de pratiquer la tactique de la terre brûlée, évacuant les populations, comblant les puits et refusant le combat. La situation des Perses devint d'autant plus critique que les chefs ennemis envoyèrent des députés auprès des tyrans ioniens pour les presser d'abandonner l'armée de Darius, bloquée au-delà du Danube. Arrivé sur les bords du Dniepr, le roi comprit la vanité de ses efforts et, sur les conseils de Gobryas, il donna l'ordre de retraite. Ses contingents réussirent à repasser le Danube sur les vaisseaux des Ioniens, les tyrans ayant

Au nord-ouest de l'empire, les Scythes appartenaient à la grande famille des peuples iranophones. Leurs liens culturels avec les Perses se marquent sur nombre d'objets découverts dans les tombes ou des caches. C'est le cas de cette épée en or trouvée à Kelermès, en Crimée, que sa forme et sa décoration rapprochent étonnamment des épées représentées à Persépolis (à gauche).

« Un héraut scythe apporta à Darius comme présents un rat, une grenouille, un oiseau et cinq flèches. [...] Les Perses tinrent conseil [...]. Contre l'avis de Darius, Gobryas, l'un des Sept qui avaient abattu le mage, proposa cette interprétation : « Si vous ne devenez pas des oiseaux et ne vous envolez pas dans le ciel, ô Perses, ou si vous ne devenez des rats et ne vous enfoncez sous la terre, ou si vous ne devenez des grenouilles et ne sautez dans les marais, vous ne retournerez pas chez vous, et vous périrez par ces flèches. »

Hérodote

décidé, sur les conseils d'Histiée de Milet, de lui rester fidèles. L'aventure n'eut pas de suite militaire : les Scythes d'Europe restèrent en dehors de l'espace impérial.

Tel est le schéma des événements, du moins tel qu'on peut le reconstituer à partir d'Hérodote. Bien des éléments nous échappent, tant sur les raisons exactes qui poussèrent Darius à mener l'expédition que sur l'ampleur réelle de l'échec.

L'armée achéménide venait de subir son premier échec. Un échec qui n'est pas aussi cuisant que l'affirment les Grecs

L'affront était d'autant plus grand que l'armée était commandée par le Grand Roi en personne, mais elle ne comptait certainement pas les centaines de milliers d'hommes que les sources classiques lui attribuent.

La soumission des Scythes aurait permis au Grand Roi de contrôler la steppe qui s'étend de la mer Noire jusqu'à l'Asie centrale. Mais en faisant campagne pour la première fois en Europe, Darius voulait aussi, et peut-être d'abord, conquérir les territoires thraces situés au sud du Danube. Lors de sa marche vers le grand fleuve, il avait d'ailleurs soumis les Gètes, qu'Hérodote présente comme «les plus braves des Thraces et les plus justes». D'autres peuples thraces s'étaient alors rendus sans combattre.

«Mégabaze reçut de Darius cette mission : conquérir la Thrace»

Tandis qu'il repassait la mer et se dirigeait vers Sardes, le Grand Roi laissa en Europe une forte armée, qu'il confia à Mégabaze, un Perse de haute naissance. L'une des premières tâches de celui-ci fut de soumettre les cités grecques de l'Hellespont, qui avaient profité de la défaite des Perses pour reprendre leur indépendance. Périnthe prise, «Mégabaze mena

Riche de ses métaux, la Thrace était probablement l'un des objectifs majeurs de Darius. L'art qui s'y développa après la conquête est marqué d'évidentes influences achéménides (ci-dessus, une applique de harnachement du début du IVe siècle).

son armée à travers la Thrace, conquérant au Grand Roi toutes les cités, tous les peuples établis de ce côté».

Une fois soumis le puissant peuple thrace des Péoniens, Mégabaze se tourna vers le royaume macédonien, qui s'étendait à l'ouest du fleuve Axios (Vardar). En 510, sept nobles perses furent envoyés auprès du roi macédonien Amyntas pour lui «demander la terre et l'eau». En d'autres termes, ils exigeaient d'Amyntas qu'il reconnaisse la souveraineté de Darius : l'occupation perse de la Thrace ne lui laissait guère le choix. De son côté, Otanès, qui avait pris le commandement des troupes basées en Europe après le départ de Mégabaze, s'empara de Byzance et de la Chalcédoine et poursuivit l'avancée perse vers les îles, capturant Lemnos et Imbros.

Au même titre que la robe et l'arc, le char est un des éléments des «insignes royaux». Partout où il se déplaçait, le Grand Roi était accompagné de son char et des chars dédiés aux divinités. Ainsi, Xerxès avait emporté en Grèce le char d'Ahura-Mazda, qu'il ne put ramener car il avait été pris par les Thraces. C'était un honneur exceptionnel que d'être nommé conducteur du char royal (ci-dessous).

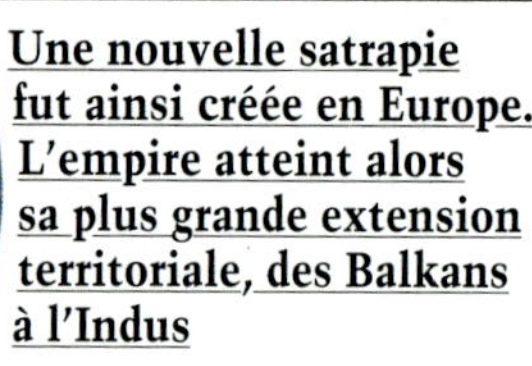

Une nouvelle satrapie fut ainsi créée en Europe. L'empire atteint alors sa plus grande extension territoriale, des Balkans à l'Indus

« Tout le pays jusqu'à la Thessalie avait été asservi et payait tribut au Grand Roi. »

Hérodote

Le bilan de ces campagnes est impressionnant. La Thrace fut très probablement érigée en satrapie, sous le nom de Skudra. Certes, tous les peuples thraces n'ont pas été soumis complètement, mais plusieurs doivent envoyer tributs et contingents militaires.

Les Perses disposent désormais en Europe de places fortes solides à Eion (sur le Strymon) et à Doriskos, et ils contrôlent les Détroits. Ils ont renforcé leur contrôle sur des îles grecques proches du littoral d'Asie Mineure. Rien ne prouve pour autant que, dès cette date, Darius songeait à conquérir la Grèce.

Au début de l'année 499, Aristagoras de Milet se soulève contre les Perses. La première révolte de l'Ionie vient d'éclater

Darius avait concédé au tyran de Milet, Histiée, une région en Thrace, en récompense de sa loyauté lors de la campagne contre les Scythes. Mais bientôt, craignant de le voir se constituer une principauté indépendante, il l'avait fait venir à Suse, lui décernant les titres de commensal et de conseiller. C'est donc son neveu, Aristagoras, qui exerçait le pouvoir.

En 500, des aristocrates de Naxos, chassés de leur île par

Désignés sous le terme Skudra dans les inscriptions royales, les différents peuples thraces seront représentés sur la frise des tributaires de Persépolis. Ci-dessous, précédés d'un huissier mède qui donne la main au premier délégué, ils apportent des vêtements et un bouclier.

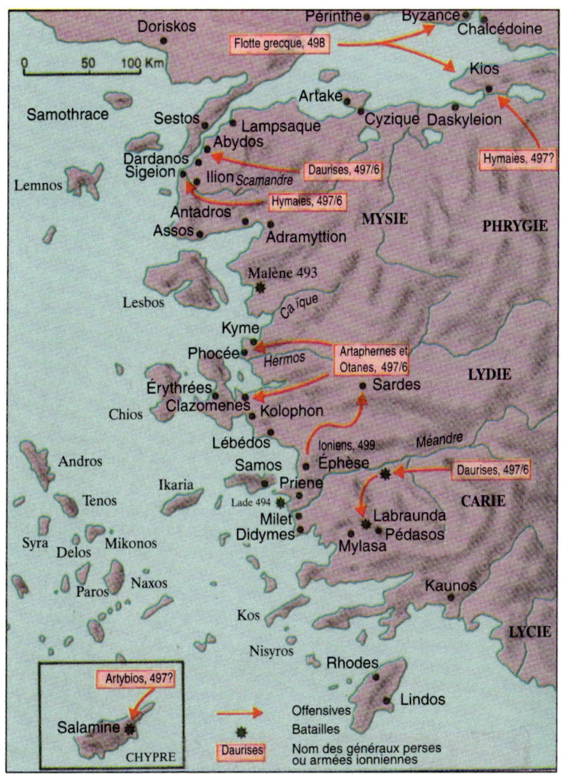

Partie de Milet, la révolte de l'Ionie embrasa bientôt toutes les régions littorales, depuis la mer de Marmara jusqu'à Chypre. Après un raid sur Sardes, les Grecs décidèrent d'affronter les Perses sur mer. Victoires grecques et reconquêtes perses se succédèrent pendant plus de cinq ans. La défaite navale des Grecs près de Ladè scella le sort de Milet et de la révolte. Les Perses se montrèrent impitoyables envers les villes qui voulaient résister.

une révolution démocratique, étaient venus demander aide à Aristagoras qui, à son tour, avait proposé au satrape de Sardes, Artaphernès, un frère de Darius, de monter une expédition contre Naxos, «île belle et fertile, voisine de l'Ionie et renfermant beaucoup de biens et d'esclaves». Il lui fit miroiter la possibilité d'étendre la domination du Grand Roi dans les Cyclades. Ainsi fut fait.

Mais la brouille s'installa rapidement entre le tyran et le chef perse de l'expédition, Mégabatès, qui était, lui, un cousin de Darius. Et au début de l'année 499, Aristagoras décida de se retourner contre les Perses. Milet fut bientôt rejointe par de nombreuses cités grecques d'Asie Mineure, tandis que d'autres restaient dans une prudente expectative.

« Sitôt maîtres de ces villes, les Perses choisirent les plus jolis garçons et, au lieu d'hommes complets, en firent des eunuques; ils enlevèrent les plus belles jeunes filles et les envoyèrent au Grand Roi; ils exécutèrent sur ce point leurs menaces, et ils incendièrent les villes avec les temples. Ainsi les Ioniens furent pour la troisième fois réduits en servitude. [...] Les Phéniciens remirent le cap sur la Chersonèse, pour y détruire les villes qu'ils n'avaient pas saccagées en touchant cette côte auparavant. »

Hérodote

Conscient de la supériorité militaire perse, Aristagoras tenta de rallier les cités grecques d'Europe. Sans grand succès. Il fut poliment éconduit par le roi de Sparte. Les Athéniens, quant à eux, «votèrent l'envoi de vingt vaisseaux au secours des Ioniens», bientôt imités par les Erétriens. Il semble que la révolte contre la domination perse ait eu, en partie du moins, des origines purement internes. La domination tyrannique des grandes familles était de plus en plus contestée. La première mesure prise par Aristagoras fut d'ailleurs de proclamer la suppression des régimes tyranniques, afin d'élargir les bases sociales de la révolte.

Aristagoras décida de mener un raid contre Sardes, protégée par ses fortifications. Incapables de s'emparer de la citadelle, les troupes grecques

Au cours de la révolte de l'Ionie, les Grecs purent comparer leur force et leur armement à celui des Perses. Sur mer, leurs vaisseaux (ci-dessous) étaient excellents, mais les cités n'avaient pas les capacités financières de les entretenir très longtemps. Quant à leurs fantassins, ils ont toujours été considérés comme supérieurs aux fantassins perses dans le combat rapproché (en haut, à gauche). Afin de rompre la vague déferlante des hoplites, les Perses fichaient en terre leurs hauts boucliers, constituant ainsi une sorte de rempart.

incendièrent la ville basse, y compris les sanctuaires. Poursuivis par les Perses, elles furent défaites près d'Ephèse. Les Athéniens et les Erétriens rappelèrent alors leurs escadres, laissant Milet et ses alliés isolés.

Chypre rejoint les insurgés, la révolte s'étend

«Refoulés sur leurs vaisseaux», Aristagoras et les Ioniens choisirent de porter l'offensive sur mer. Durant l'année 499, la flotte ionienne porta son effort vers le nord (Byzance et l'Hellespont) et vers le sud (côtes de Carie). Pendant ce temps, les armées perses, commandées par Artaphernès et trois gendres de Darius – Daurisès, Hymaiès, Otanès –, se chargèrent de reprendre une à une les cités grecques, chacune évoluant dans une zone : l'Hellespont, la Propontide et l'Ionie. Mais leurs succès ponctuels furent bientôt contrebalancés par l'élargissement du front méridional : tous les rois chypriotes, à l'exception d'Amathonte, et les princes cariens firent alliance avec les Ioniens.

La défection de Chypre était grave pour la Perse ; l'île était l'un des points stratégiques de sa

Renommée pour ses métaux (cuivre, fer), son bois et ses ports, et marquée à la fois par les traditions locales et par les colonisations grecque et phénicienne, l'île de Chypre était divisée entre une dizaine de cités-royaumes concurrentes, qui devaient verser tribut et fournir des contingents au Grand Roi. Lors de la bataille qui se déroula aux environs de Salamine, le roi de Kourion passa du côté perse avec ses troupes. Quant au roi d'Amathonte, il s'était réfugié auprès des Perses, espérant, à juste titre, que leur victoire lui permettrait de reprendre le pouvoir, d'où l'avait chassé un partisan des rebelles. Le palais de Vouni (ci-dessus) a peut-être été construit par les Perses après la révolte.

domination dans l'Egée orientale. Tandis que Daurisès faisait route contre les Cariens, les deux camps rassemblaient des forces considérables à Chypre. Les troupes gréco-chypriotes furent vaincues sur terre près de Salamine, plusieurs contingents ayant abandonné le combat durant la bataille décisive. Dans les mois qui suivirent, les Perses soumirent les cités chypriotes qui continuaient de résister. Dans le même temps, d'autres généraux prirent ville après ville en Carie, dans l'Hellespont et en Ionie.

Ne se faisant plus guère d'illusions sur l'issue de la révolte, Aristagoras résolut de quitter l'Ionie pour la Thrace, où il disparut lors d'un combat obscur. Dans le même temps, Histiée revenait à Milet avec l'accord apparent de Darius. Très rapidement, la désunion s'installe entre le tyran et le satrape de Sardes, qui prit sur lui de le faire exécuter.

Les Perses s'étaient installés en grand nombre à Sardes, la capitale de la Lydie, conquise dès 546, et dans la riche campagne environnante, où ils disposaient de domaines ruraux et de paradis. Des nobles lydiens furent employés dans l'administration satrapique. L'art lydien ne disparut pas brutalement, la scène reproduite ci-dessus en témoigne. On y retrouve le cavalier et le griffon, fréquents sur les représentations proprement perses.

Milet tombe aux mains des Perses

La guerre tirant en longueur, les Perses décidèrent de concentrer toutes leurs forces, terrestres et

navales, contre Milet elle-même. Une gigantesque bataille navale se déroula près de Ladè, en vue de Milet, en 494.

La flotte achéménide remporta la victoire, aidée par la désunion du camp adverse et par des défections : les Perses avaient amené avec eux des tyrans précédemment chassés, qui surent convaincre leurs concitoyens de l'inanité de la lutte. Quant à Milet, seule face aux assiégeants, elle dut bientôt capituler elle aussi (494). En quelques mois, les pays rebelles firent leur soumission (493).

Vainqueurs, les Perses surent allier mesures de rétorsion et réorganisations administratives

Les insurgés furent sévèrement châtiés. Le grand sanctuaire du Didymeion fut saccagé, et une partie du territoire de Milet confisquée. Les escadres phéniciennes de la flotte du Grand Roi, chargées de la reprise en main, ravagèrent en 493 nombre de cités continentales et insulaires.

Artaphernès prit également des mesures qualifiées par Hérodote de «pacifiques et très profitables pour les Ioniens». Soucieux d'éradiquer les causes des guerres entre cités, il obligea les Ioniens à recourir à l'arbitrage des satrapes en cas de désaccord frontalier. Les territoires des cités furent arpentés par les officiers royaux, et le cadastre ainsi défini consigné dans les archives royales de Sardes. On fixa alors le tribut dû par chaque cité (493-492). Dans les cités dont le tyran s'était soulevé, la tyrannie fut abolie. Des tyrans qui étaient restés fidèles pendant la révolte furent, eux, rétablis dans leur pouvoir.

«Le seigneur des rois m'a donné Dor et Joppé, les magnifiques terres à blé de la plaine du Sharon, en récompense des hauts faits que j'ai accomplis, et nous les avons ajoutées au territoire du pays pour qu'elles appartiennent aux Sidoniens pour toujours.»

Portée sur le sarcophage du roi Eshmunazar, cette inscription témoigne de l'engagement constant de Sidon auprès des Perses.

L'ordre rétabli en Ionie, Darius reprend ses plans d'expansion vers l'ouest

En 492, un nouveau commandant arriva en Asie Mineure : Mardonios, fils de Gobryas et gendre du Grand Roi. Grossie des forces royales concentrées en Cilicie, son armée se dirigea vers la Thrace. L'île de Thasos, riche des mines d'argent qu'elle exploitait sur le continent, fut réduite. Le roi de Macédoine, Alexandre, dit le Philhellène, dut lui aussi reconnaître à nouveau la suzeraineté perse, que la

Après la conquête de la Thrace, la Macédoine devint un pays tributaire, mais la dynastie locale resta en place. L'une des figures les plus célèbres, Alexandre Ier (479-452), tentera de jouer un double jeu entre Perses et Grecs lors de la campagne de Xerxès. C'est à cette occasion qu'il émit ses premières monnaies d'argent (à gauche), sur lesquelles on retrouve le thème typiquement macédonien du cavalier à la lance.

révolte d'Ionie lui avait permis d'alléger. Mardonios perdit sa flotte, détruite par la tempête alors qu'elle tentait de doubler la presqu'île du mont Athos. Mais il n'en poursuivit pas moins avec méthode l'objectif que lui avait fixé Darius : affermir la domination achéménide en Thrace. Sa mission accomplie en quelques mois, il regagna l'Asie.

Une fois encore, les Grecs préférèrent voir dans cette expédition un désastre. En réalité, Mardonios laissait derrière lui une satrapie fermement tenue en main, où les Perses levaient tribut et prélevaient de nombreux contingents. L'année suivante (491), Darius fut en mesure d'ordonner aux Thasiens d'abattre leurs murailles et de conduire leur vaisseaux à Abdère, ville sujette.

Des hérauts royaux sont envoyés en Grèce «pour demander au nom du Roi la terre et l'eau». Ainsi s'ouvrait la première des guerres médiques

Tandis que les cités grecques sujettes étaient requises pour fournir des vaisseaux, le Grand Roi exigea des cités insulaires encore indépendantes qu'elles reconnaissent sa souveraineté. Certaines, telle Egine, auraient accepté, ce qui offrit à Athènes un prétexte pour rouvrir les hostilités contre sa

Le seul exemple de relief de type persépolitain dans les provinces (ci-dessus) a été mis au jour sur le site de Meydanççikalé, en Cilicie intérieure. Ces personnages soigneusement alignés les uns derrière les autres rappellent ceux qui sont figurés à Persépolis, tels les délégués ioniens (à gauche), que l'on a parfois identifiés comme Lydiens. Entre l'Anatolie et la Syrie, la Cilicie tenait un rôle central dans les communications terrestres et maritimes. La route la plus courte pour la Babylonie traversait les célèbres Portes de Cilicie. Riche de ses forêts de cyprès, le pays comptait plusieurs arsenaux royaux ainsi que des bases militaires perses. C'est des rivages ciliciens que les Perses surveillaient l'île toute proche de Chypre et qu'ils lançaient des expéditions de reconquête.

puissante voisine. Dans le même temps, la flotte perse prenait la mer, sous le commandement du Mède Datis et d'Artaphernès, un neveu de Darius. L'objectif assigné aux deux hommes était de s'emparer des îles de l'Egée. De Samos, conquise en 519, ils gagnèrent Naxos, puis Délos, où Datis honora le sanctuaire d'Apollon. Toute résistance était sévèrement châtiée et chaque île conquise fut contrainte de fournir des contingents militaires.

Les Perses parvinrent bientôt en Eubée, au large d'Erétrie, coupable d'avoir aidé les Ioniens révoltés. Ils détruisirent les temples, en représailles contre les destructions infligées à Sardes en 499. D'Erétrie, ils cinglèrent vers l'Attique, débarquant sur la côte orientale, dans la plaine de Marathon. C'est là que, en septembre 490, une petite armée athénienne, renforcée par un contingent de Platées, contraignit Datis à rembarquer. Ne disposant d'aucun moyen de tenter un autre débarquement, le Perse reprit la mer pour l'Asie Mineure.

Marathon, un symbole pour les Athéniens : la victoire de la liberté sur l'esclavage

C'était en effet la première victoire remportée par la communauté civique athénienne et ses hoplites depuis l'installation d'un régime démocratique, en 510-508. La bataille acquit un statut presque mythique dans la mémoire de la cité. L'armée perse était en réalité de faible ampleur, et la bataille de Marathon ne

« Constatant que les Athéniens étaient peu nombreux et que, malgré cela, ils se lançaient au pas de course, sans cavalerie, sans archers, les Barbares [les Perses] les crurent atteints de folie. [Sur la plaine de Marathon], les Athéniens, après qu'ils eurent en rangs serrés, pris contact avec les Barbares, combattirent de façon mémorable. Ils furent les premiers, autant que nous sachions, qui allèrent à l'ennemi en courant, les premiers à supporter la vue de l'équipement des Mèdes et d'hommes portant cet équipement, alors que, jusque-là, rien qu'à entendre le nom de Mèdes, les Grecs étaient pris de peur. »

Hérodote

fut rien d'autre qu'une rencontre peu décisive. C'est donc avec quelque exagération que l'on parle de l'expédition de Datis comme de la première Guerre médique : elle est sans commune mesure avec l'expédition menée dix ans plus tard par Xerxès.

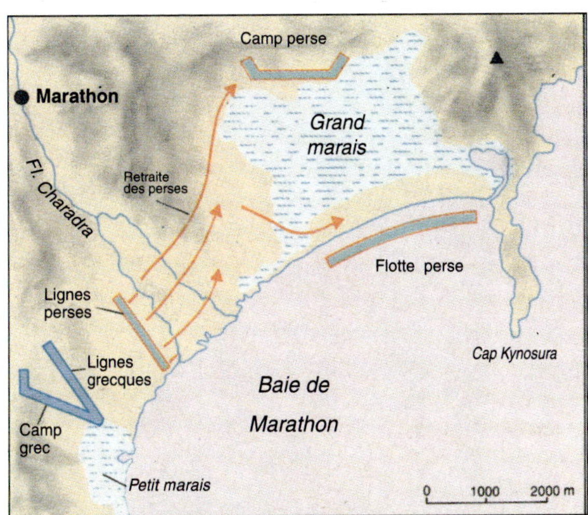

Le bas-relief de Brescia (ci-contre) célébrant la bataille de Marathon est d'époque romaine. Les représentations antiques ont pour la plupart disparu. Il y en avait une dans le Portique aux Peintures, à Athènes, que Pausanias, un voyageur de l'époque romaine, décrit : «Les Béotiens de Platées et toute l'armée athénienne en viennent aux mains avec les Barbares. Et certes, d'un côté, on est de part et d'autre, également engagé au cœur de l'action ; mais, au centre du combat, les Barbares fuient et se bousculent pour gagner le marais. A l'extrémité du tableau, il y a les navires phéniciens et les Barbares qui s'y précipitent, poursuivis par les Grecs qui les massacrent.» L'artiste avait fait la part belle aux Grecs (page de gauche, un guerrier), contredisant ce qu'affirme Hérodote : «La bataille dura longtemps à Marathon. Au centre de l'armée, où étaient placés les Perses eux-mêmes et les Saces, l'avantage fut aux Barbares.»

Débarqués sur la plage de Marathon, les Perses furent bientôt attaqués par les contingents athéniens qui les repoussèrent vers la mer. Ils n'eurent d'autre issue que de rembarquer.

Le débarquement de Marathon s'explique sans doute en partie par les ambitions personnelles d'Hippias, tyran chassé d'Athènes. Il avait su convaincre Datis qu'il serait accueilli favorablement par ses partisans. Ce ne fut pas le cas. Datis en tira rapidement les leçons et fit marche arrière.

L'objectif de Darius n'était probablement pas de conquérir la Grèce d'Europe, mais bien plutôt de contrôler les îles en y installant des gouvernements amis. Objectif atteint puisque, désormais, outre l'Asie Mineure, la Thrace et la Macédoine, il contrôle les îles de la mer Egée.

Tout au long de la période qui va de Cambyse à Darius, des documents rendent compte des contacts culturels étroits qui se sont établis entre Perses et Egyptiens en même temps que de l'intervention très probable d'artistes grecs ou ioniens.

Les projets européens de Darius furent bientôt ruinés par la révolte égyptienne

Selon Hérodote, Darius résolut néanmoins de tirer vengeance des Athéniens. Il envoya dans toute l'Asie des hérauts, chargés de la mobilisation générale. «Les ordres publiés de toutes parts mirent l'Asie pendant trois années dans un état d'agitation; les hommes les plus vaillants étaient levés pour faire campagne contre la Grèce et s'y préparaient» (Hérodote).

C'est dans ces circonstances que, dans le courant de l'année 487, éclata en Egypte une révolte. Depuis sa reprise en main vers 521-519, la satrapie était restée apparemment calme. Le poids du tribut serait-il à la source de ce

soulèvement ? Cette insurrection représentait pour le pouvoir perse un danger infiniment plus direct que l'indépendance des cités grecques d'Europe. C'est en effet un pays riche que se devait de contrôler toute puissance dont l'ambition était de dominer la mer Egée.

«Il mourut de maladie [...] après un règne de trente-six ans»

Darius disparaît en 486 alors qu'il préparait une expédition pour faire rentrer l'Egypte dans le giron impérial. Sur sa mort, nous ne disposons guère que d'une courte notice de Ctésias, un historien grec de la cour d'Artaxerxès II au IVe siècle, qui précise :

La scène gravée sur ce relief funéraire provenant de Memphis, en Egypte, montre un Perse : sa coiffure et son vêtement en font foi. Elle correspond assez exactement à ce que les Grecs nomment *prothésis* (exposition du défunt), une cérémonie qui était peut-être aussi en usage en Egypte et chez les Perses.

Debout sur un lion, face à un roi qui étend ses mains vers elle, Anahita apparaît dans un nimbe rayonnant. Déesse de la fertilité et des eaux, elle confère au nouveau roi sa légitimité : c'est dans un temple qui lui est dédié à Pasargades que l'héritier reçoit l'initiation royale.

«[Il mourut] alors qu'il résidait en Perse, où il était venu faire les sacrifices traditionnels», c'est-à-dire accomplir les cérémonies cultuelles que prescrivait le calendrier religieux de la cour.

Les Perses sacrifient régulièrement aux forces naturelles : les astres, le feu, le vent... Ils vouent un culte particulier au Feu sacré, dont les autels (à gauche) sont portés solennellement dans les cortèges royaux. Toujours allumés, ces autels représentent visuellement le pouvoir du Grand Roi dans les satrapies. A droite, sur une stèle, des mages font un sacrifice.

Le roi et les dieux

En effet, sans être dieu lui-même, le Grand Roi est l'intermédiaire entre le monde des hommes et celui des dieux. Avec Darius, Ahura-Mazda prend une place dominante dans le panthéon achéménide, mais la religion n'est pas pour autant monothéiste. Artaxerxès II, l'un des successeurs de Darius, invoquera aussi Mithra – dieu guerrier, dieu du contrat, protecteur des campagnes –, auquel il sacrifie des chevaux lors d'une grande fête annuelle, et Anahita, déesse guerrière.

Dans les prières qu'il adresse à Ahura-Mazda, Darius attire la protection divine sur sa Maison et sur la Perse. A ce titre, il préside aux sacrifices offerts aux divinités perses. C'est une fête de cette sorte que décrit Xénophon. Le cortège officiel sort du palais royal et se rend aux enclos sacrés : «En tête, sur quatre rangs, étaient menés des taureaux d'une parfaite beauté, destinés à Zeus [Ahura-Mazda] et à ceux des autres dieux que prescrivaient les mages.» Jamais les Perses n'élèvent de statues à leurs dieux et

❝ Ayant disposé des morceaux de viande sur de la myrte ou des branches de laurier, les Mages les touchent avec de longues baguettes et ils font des incantations, et ils versent de l'huile mêlée à du lait et du miel, non pas sur le feu ou dans l'eau, mais uniquement sur le sol. Tout le temps que durent les incantations, qui sont fort longues, ils tiennent dans leurs mains de menues tiges de bruyère réunies en faisceau au moyen d'un lien.❞

Strabon

ils n'ont ni temples ni autels. «Leur coutume est de monter sur les plus hautes montagnes pour offrir des sacrifices à Zeus», écrit Hérodote. Le sacrifiant, qui peut être le roi, doit être assisté d'un mage, «car les Perses pensent que, dans tout ce qui touche aux dieux, il faut, bien plus qu'ailleurs, recourir aux experts» (Xénophon). Issus d'une caste héréditaire, les mages jouissent de pouvoirs considérables et d'un immense prestige en raison de leurs connaissances de tous ordres. Ils sont à ce titre conseillers du Grand Roi, dont ils interprètent les rêves et à qui ils désignent les dieux auxquels il convient de sacrifier dans telle ou telle circonstance. Ce sont eux également qui sont chargés de l'éducation du prince héritier et qui officient lors de l'intronisation du nouveau roi.

« Dit Xerxès le Roi : Il y avait d'autres fils de Darius ; mais, selon le désir d'Ahura-Mazda, Darius mon père me fit le plus grand après lui. Quand mon père Darius quitta le trône, par la volonté d'Ahura-Mazda, je devins roi sur le trône de mon père ! »

Inscription de Xerxès

CHAPITRE IV
L'HÉRITAGE DE DARIUS

Construit par la conquête, l'empire doit être maintenu par la force des armes, quand la collaboration des élites locales est défaillante. Sur ce sceau royal d'un successeur de Darius, le Grand Roi punit de sa propre main un pharaon rebelle.

Darius avait, de son vivant, pris des dispositions pour assurer sa succession

La polygamie royale recelait en effet des dangers et créait des ambitions contradictoires. Le Grand Roi avait eu six épouses, la dernière étant sa propre nièce. Tous ces mariages avaient été prolifiques, puisqu'on lui connaît au moins douze fils. Peu avant son départ pour l'Egypte, dit Hérodote, il avait réuni un conseil où s'opposèrent plusieurs avis sur le choix de l'héritier du trône, les uns tenant pour Xerxès, les autres pour Artobarzanès, l'aîné de ses fils. Le choix en faveur de Xerxès s'expliquerait par l'influence

Bien que dénuées de pouvoir politique, les princesses ne sont pas recluses. Elles voyagent et disposent de domaines et de terres gérés par des intendants et des comptables à leurs ordres. Ici, deux femmes de haut rang, debout devant un encensoir, fleur de lotus à la main, rendent un culte à une divinité.

politique de sa mère, Atossa, l'une des filles de Cyrus. Hérodote reprend là un lieu commun de l'historiographie grecque, qui présente les femmes du palais comme dominant l'esprit faible des rois. En réalité, la liberté de décision du roi régnant était sans limite. Et c'est à Darius, et à lui seul, que l'on doit le choix de son successeur. C'est bien ainsi que Xerxès présente lui-même les choses dans l'une de ses inscriptions de Persépolis.

Si Darius désigna Xerxès aux dépens de l'aîné Artobarzanès, c'est que la qualité d'aîné n'a jamais été reconnue comme un droit qui s'imposerait à la volonté du roi régnant. C'est aussi, et surtout, que désigner Artobarzanès comme successeur aurait signifié transférer le pouvoir dynastique sur la famille de Gobryas, son grand-père. Or toute la politique endogamique achéménide visait au contraire à réserver le trône à un héritier direct de la famille de Darius. Choisir Xerxès, c'était en outre marquer les liens avec le fondateur de l'empire, Cyrus le Grand, dont il était l'un des petits-fils. Au reste, la reconnaissance royale de Xerxès ne suscita pas d'opposition majeure.

Dès sa nomination, le prince héritier jouissait d'un statut privilégié à la cour. Il pouvait désormais porter la tiare droite (*kidaris*). Il partageait avec son père le privilège de boire «l'eau d'or», une expression mystérieuse qui paraît faire référence à une sorte de tabou. Le prince héritier est également figuré derrière son père sur

Dans les toutes premières années de leur vie (jusqu'à cinq ans), les fils du roi restaient sous la garde et au soin des femmes de la maison. Puis, ils recevaient une éducation particulière, que leur dispensaient les mages.

Alors que le port de la barbe et des moustaches est un signe de virilité mais aussi de distinction sociale, des personnages imberbes sont représentés sur les reliefs de Persépolis (à gauche). Ce sont les eunuques, qui étaient employés au sein de l'immense domesticité du palais. Ils provenaient de différentes régions de l'empire. Ainsi, chaque année, la Babylonie devait envoyer cinq cents jeunes castrats à la cour centrale.

un relief d'audience de Persépolis.

Mais il ne jouissait encore d'aucun droit souverain. Il n'y eut jamais chez les Achéménides de partage du pouvoir. A tout moment, le roi en titre pouvait revenir sur sa décision première.

Le roi est mort, vive le roi !

La première mission de l'héritier était d'organiser les cérémonies funèbres, ce par quoi il manifestait officiellement son droit à la succession familiale. A la mort du Grand Roi était décrété un deuil officiel dans tout l'empire. Les Feux sacrés

De par l'étendue de l'empire, les coutumes funéraires étaient très diverses. En Iran oriental, on exposait les cadavres aux oiseaux et aux bêtes, qui les décharnaient. Les restes étaient disposés dans des ossuaires. En Perse, en revanche, on pratiquait l'inhumation ; la découverte d'une tombe à Suse le confirme : la défunte, une femme de haut rang, reposait dans un cercueil en forme de baignoire, accompagnée de nombreux bijoux et de coupes de toute sorte. Après avoir été momifiée, la dépouille royale était déposée dans un ciste creusé dans la pierre à l'intérieur d'une tombe rupestre.

étaient éteints, et le restaient jusqu'à la fin des cérémonies funèbres : «Le peuple voyait dans cet ordre un présage funeste et se figurait que la divinité annonçait la mort du Roi» (Diodore).

Les Perses manifestaient leur douleur en déchirant leurs vêtements, en se rasant cheveux et barbe, et en coupant le crin de leurs chevaux. Toutes ces démonstrations signifiaient en quelque sorte qu'en l'attente d'un nouveau roi, les forces vitales étaient suspendues.

La dépouille royale, embaumée par les spécialistes babyloniens et égyptiens, était conduite au lieu de sépulture sur un char somptueux, certainement semblable à celui d'Alexandre, dont Diodore de Sicile a laissé une description. C'est sur la falaise de Naqsh-i Rustam, à quelque quatre kilomètres au nord de Persépolis, sa capitale, que Darius avait choisi de faire édifier sa sépulture, un tombeau creusé dans le roc. Ses successeurs immédiats – Xerxès, Artaxerxès Ier et Darius II – y feront eux aussi ériger leur tombeau, mais seul celui de Darius porte des inscriptions. Les rois suivants seront inhumés à Persépolis même.

Les Perses manifestaient hautement leur douleur lors des funérailles : à la mort de Cambyse, «ils déchirèrent tout ce qu'ils avaient sur eux», dit Hérodote. Certains personnages figurés sur les tombes royales (ci-contre) symbolisent probablement le deuil officiel.

La dépouille du Grand Roi était conduite en grande cérémonie vers la sépulture sur un char magnifiquement orné, tel le char funèbre d'Alexandre : «Il était ainsi construit : au sommet, une voûte en berceau, dorée et revêtue d'écailles où étaient serties des pierres précieuses, large de huit coudées et longue de douze ; à la base du toit, sur toute la longueur de l'ouvrage, une poutre dorée de forme quadrangulaire, avec des avant-trains de bouquetin en relief, auxquels étaient fixés des anneaux d'or de deux palmes d'ouverture, où était suspendue une guirlande, comme on en utilise dans les processions, magnifiquement garnie de toutes les couleurs» (Diodore).

Sur son tombeau de Naqsh-i Rustam, Darius s'adresse à ses peuples et à ses successeurs

Le Grand Roi est debout sur un podium à trois degrés, soutenu par les représentants de trente peuples sujets. C'est à ses peuples que, par les inscriptions, véritable Miroir du prince, il s'adresse explicitement, leur désignant les porteurs du trône, symbole de sa puissance militaire. Il les incite à l'obéissance et à la loyauté et les engage à ne pas céder à l'injustice.

La porte, les colonnes et l'entablement sculptés sur la façade des tombes rupestres de Darius (à droite) et de ses successeurs immédiats évoquent le palais royal. Le relief que l'on voit au bas de la falaise est plus tardif (IIIe siècle apr. J.-C.).

Darius rappelle d'abord les hauts faits qu'il a accomplis grâce à l'aide d'Ahura-Mazda, l'ampleur de ses réalisations territoriales (symbolisées par les peuples porteurs de son trône) et il invoque la protection du «plus grand des dieux» sur la maison royale et sur la Perse.

Puis il exalte les vertus royales. Le roi est d'abord un guerrier d'élite, non seulement par ses qualités physiques mais également par les qualités intellectuelles d'analyse et de décision qu'a répandues sur lui le grand dieu Ahura-Mazda : bon archer, bon lancier, à pied et à cheval, il sait résister à la panique. C'est du reste muni de son arc qu'il est représenté sur la falaise de Naqsh-i Rustam, comme sur le relief de Behistoun et sur les monnaies royales. L'arc est le symbole de la force et de la souveraineté.

Le personnage du Héros royal, maître des animaux, est une variation du thème du roi-vainqueur.

Darius met également en exergue la justice de son pouvoir. Il se présente comme protégeant le faible contre le puissant, et le puissant contre le faible. Il est en quelque sorte le garant de la paix et de la concorde sociales. Il récompense «celui qui se donne de la peine», et il punit «celui qui cause de la destruction». Il sait juger en toute impartialité, car il résiste à la colère, ce qui rappelle une remarque d'Hérodote : «Le Roi ne cède à la colère que si, après avoir réfléchi, il trouve les méfaits du coupable plus nombreux que les services rendus.»

Archer d'élite, le Grand Roi perce de ses flèches toute sorte d'animaux, réels ou fantastiques. Ici, debout sur son char, il affronte un griffon cornu et ailé dressé sur ses pattes arrière.

A l'issue de la cérémonie d'intronisation, le prince héritier devenait Grand Roi

Sur la cérémonie elle-même, nous ne disposons que d'un texte tardif de Plutarque, rapportant les rites mystérieux qui se déroulèrent lors de l'avènement d'Artaxerxès II (405-404) à Pasargades, dans le temple d'Anahita, déesse de la Fertilité et des Eaux et aussi déesse guerrière.

Ilots de verdure dans des paysages de désolation, les paradis royaux aménagés dans tout l'empire exaltent visuellement le pouvoir du roi sur les cycles de la végétation. C'est ce thème qu'illustre, sur un sceau perse, cette scène de labour. Cyrus le Jeune ne se vantait-il pas d'avoir planté lui-même les arbres de son paradis de Sardes ?

« On raconte qu'ayant trouvé en Lydie un platane d'une prodigieuse hauteur, Xerxès fit dresser ses tentes autour de cet arbre, et s'arrêta dans la région déserte qui entourait le platane pendant la durée d'une étape, alors que rien ne l'y obligeait. Il y suspendit des ornements magnifiques, en honorant ses branches de colliers faits d'anneaux entrelacés et de bracelets, puis, en partant, il y laissa un garde chargé d'en prendre soin, comme pour être la garnison et la citadelle de l'arbre aimé. »

Elien

Sur une falaise du massif de l'Alvand, en Médie, au-dessous d'une inscription gravée par Darius, son père, Xerxès a fait inscrire sa titulature. Une façon de réaffirmer la domination du Grand Roi sur les plus anciennes régions de l'empire.

Le futur roi dut suivre un régime alimentaire composé d'un gâteau de figues, de térébinthe (qu'il dut mâcher) et de petit-lait. Il lui fallut également revêtir la robe que Cyrus portait avant de devenir roi : «Peut-être existe-t-il d'autres rites, mais ils sont inconnus du reste des hommes», ajoute le biographe d'Artaxerxès.

Le nouveau Grand Roi inaugurait son règne en confirmant ou en destituant les satrapes et généraux en poste et, en guise de don de joyeux avènement, il remettait aux peuples sujets les arriérés du tribut.

Tout au long de son règne, Xerxès déclarera agir en continuité avec son père. Son premier devoir : étendre l'empire

«Que ce qui fut fait par moi et par mon père Darius le Roi, qu'Ahura-Mazda le protège avec tous les dieux.» Non seulement, il choisit de faire construire sa tombe près de la sienne mais, dans une inscription de Persépolis, il reprit à son compte le Miroir du prince que Darius avait fait graver sur sa tombe, n'y apportant que quelques ajouts personnels.

Il poursuivit avec ardeur les travaux de construction et d'aménagement de Persépolis. A de multiples reprises, il dit avoir achevé l'œuvre de constructeur de son père. C'était par là même exalter sa position d'héritier légitime.

Mort au cours de préparatifs militaires, Darius avait laissé à son fils une situation solide, mais hypothéquée néanmoins par la rébellion égyptienne. Dès 485-484, Xerxès conduisit son armée sur les rives du Nil. Nous ne savons rien de la campagne, hormis quelques mots d'Hérodote : «Il imposa aux Egyptiens une servitude beaucoup plus dure qu'elle n'était sous Darius.» En quittant le pays, il y laissa comme satrape Achéménès, l'un de ses frères.

Après la reprise en main de l'Egypte, Xerxès ne modifia pas de fond en comble les rapports que ses prédécesseurs avaient entretenus avec la royauté pharaonique. On a retrouvé des vases de pierre, façonnés dans les ateliers égyptiens, portant son nom (ci-dessus, en hiéroglyphes et en cunéiforme), accompagné parfois des titres traditionnels : «Roi de la Haute et Basse-Egypte, Seigneur du Double-Pays, Xerxès, qu'il vive éternellement». Dans des inscriptions gravées dans le Wâdi Hammamât par deux hauts personnages perses, gouverneurs de Coptos, Darius et Xerxès sont, en 473, invoqués ensemble sous une titulature pharaonique traditionnelle.

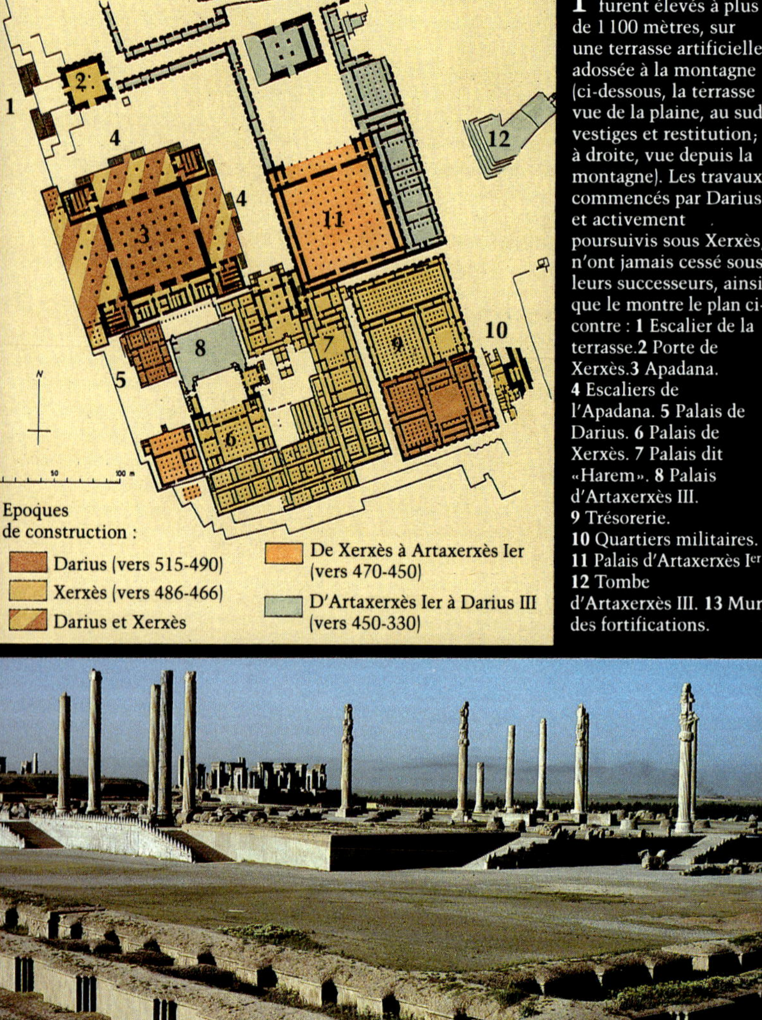

Persépolis, le centre de l'empire

Palais et résidences furent élevés à plus de 1 100 mètres, sur une terrasse artificielle adossée à la montagne (ci-dessous, la terrasse vue de la plaine, au sud, vestiges et restitution; à droite, vue depuis la montagne). Les travaux commencés par Darius et activement poursuivis sous Xerxès, n'ont jamais cessé sous leurs successeurs, ainsi que le montre le plan ci-contre : **1** Escalier de la terrasse. **2** Porte de Xerxès. **3** Apadana. **4** Escaliers de l'Apadana. **5** Palais de Darius. **6** Palais de Xerxès. **7** Palais dit «Harem». **8** Palais d'Artaxerxès III. **9** Trésorerie. **10** Quartiers militaires. **11** Palais d'Artaxerxès Ier. **12** Tombe d'Artaxerxès III. **13** Mur des fortifications.

Le palais de Darius

Dominant la plaine, le palais de Darius ouvre sur des jardins par un portique et un escalier monumental décoré de files de gardes et de scènes de lion attaquant un taureau (ci-dessous, reconstitution de l'ensemble). Ces jardins étaient alimentés en eau par un système de canaux souterrains qui recueillaient l'eau de pluie. C'est là que, de temps à autre, le Grand Roi organisait des banquets. Du palais, il ne reste que les encadrements de porte, faits en pierre (ci-contre). A l'arrière-plan, on aperçoit les colonnes de l'Apadana, la salle d'audience.

De la porte de Xerxès à l'Apadana

Au nord-ouest, on accédait à la terrasse par un escalier à double volée de cent onze marches (à gauche) construit en blocs de calcaire irréguliers liés par des crampons métalliques. En haut de l'escalier se dressait la Porte de tous les pays, gardée par deux énormes taureaux sculptés : une inscription rappelle que le monument est dû à Xerxès. La porte donnait accès, vers le sud-est, à une cour qui précédait l'Apadana élevée par Darius et achevée par son fils (en bas, à gauche). Cette salle, qui pouvait contenir plusieurs milliers de personnes, était portée par trente-six colonnes surmontées de chapiteaux d'animaux réels ou imaginaires (ci-contre). Bois de cèdre et de cyprès ont été largement utilisés pour le plafond et les poutres. L'Apadana ouvrait sur trois côtés sur un portique. C'est sur l'escalier du portique nord qu'est sculptée la Frise des tributaires. Le portique ouest ouvrait sur la plaine.

Hérodote – toujours notre seule référence – affirme que, dès cette date, Xerxès méditait de se lancer à l'assaut de la Grèce. Mais son récit rend compte également des hésitations du Grand Roi et des avis contradictoires émis par ses proches. Nous ne disposons d'aucun témoignage perse qui nous permettrait d'évaluer l'importance que tenait le front occidental dans les discussions stratégiques.

D'autres fronts requéraient l'attention du roi. Ainsi, la Babylonie manifestait quelque réticence devant la puissance perse. Il semble qu'une première révolte éclata en 481 – révolte au demeurant éphémère (quelques jours de l'été).

La Babylonie est l'une des régions les mieux connues de l'empire grâce aux milliers de tablettes provenant des sanctuaires et des maisons d'affaires. Certains des sceaux qui y sont portés reprennent des scènes typiquement perses, tels ces personnages couronnés tenant une lance. Le pays fournissait des chiens, utilisés aussi bien pour la chasse que pour la guerre.

“ On y élevait des chiens de l'Inde en si grande quantité que quatre gros villages parmi ceux de la plaine avaient, contre exemption des autres redevances, la charge de leur fournir leur nourriture. ”

Hérodote

Pendant quatre ans, de 484 à 480, des préparatifs gigantesques furent menés à bien en Asie et en Europe

Tirant les leçons de l'échec de la flotte de Mardonios en 492, Xerxès ordonna de creuser un canal à travers la presqu'île de l'Athos. Des dépôts de vivres considérables furent disposés en

Thrace et en Macédoine, en des points stratégiques, et des contingents militaires furent levés parmi tous les peuples et toutes les cités de l'empire. Enfin, des ponts de bateaux furent établis sur l'Hellespont (le détroit des Dardanelles) : sur les embarcations accrochées les unes aux autres, maintenues par des câbles tendus, on cloua des planches de bois puis on déversa de la terre, tout en laissant un passage libre pour la navigation.

Xerxès quitta Babylone en grand équipage et se dirigea vers Sardes, réunissant les contingents au fur et à mesure de sa progression. Une fois arrivé en Europe, il enrôla de nouveaux soldats. Il traversa la Thrace méridionale, la Macédoine et la Grèce du Nord. «Jusqu'aux Thermopyles, l'armée de Xerxès n'eut à souffrir aucun mal», précise Hérodote.

Au printemps 480, Xerxès passe en Grèce, ouvrant ainsi la deuxième guerre médique. Le passage des Thermopyles enlevé, il s'empare de l'Acropole d'Athènes. En septembre, la flotte grecque emporte la victoire à Salamine. Xerxès regagne alors Sardes, laissant son armée à Mardonios. Dans l'été 479, les Perses sont défaits en Grèce à Platées et en Asie Mineure au mont Mycale. Deux revers décisifs.

«Qui serait donc capable de tenir tête à ce large flux humain ? Autant vouloir, par de puissantes digues, contenir l'invincible houle des mers. Irrésistible est l'armée de la Perse et de son peuple au cœur vaillant !» (Eschyle)

❝Après un corps de dix mille Perses, ce furent d'abord les cavaliers et les hommes qui tenaient leurs piques la pointe en bas, couronnés eux aussi. Après eux venaient les chevaux sacrés et le char sacré que Xerxès suivait en personne, avec les piquiers et les mille cavaliers, puis le reste de l'armée.❞

Hérodote

A ce point, Hérodote donne une estimation quantitative des troupes royales. Il arrive à des effectifs supérieurs à 5 millions, sans compter «les femmes qui faisaient le pain, les concubines, les

eunuques...». Dans ces conditions, il n'est pas surpris «qu'il y ait des rivières où l'eau manqua»! Et il estime que, chaque jour, il fallait près de six millions de litres de blé pour nourrir les combattants, les non-combattants et les bêtes.

Voici le détail de son calcul :

ARMÉE D'ASIE		
Infanterie		1 700 000
Cavalerie		80 000
Arabes et Libyens		20 000
Soldats et rameurs sur 1 207 trières		241 400
Soldats perses, mèdes et saces embarqués		36 210
Equipages des 3 000 navires de transport		240 000
FLOTTE ET ARMÉE DE TERRE TOTAL INTERMÉDIAIRE		2 317 610
TROUPES LEVÉES EN EUROPE		
Forces navales	24 000	
Infanterie	300 000	
VALETS ET AUTRES	2 641 610	
TOTAL GÉNÉRAL	5 283 220	

Ces chiffres sont à l'évidence totalement irréalistes. En dépit des stocks de blé répartis tout au long de la route, jamais l'intendance n'aurait pu nourrir une telle population. Au surplus, le passage des ponts aurait pris plusieurs semaines. Les chiffres proposés ont un caractère quasi mythique : le prestige des victoires remportées sur les Perses était d'autant plus grand que la disparité numérique entre les armées était importante, disparité que se plairont à accentuer sans mesure ni vraisemblance tous les auteurs grecs. Actuellement, on pense plutôt que les forces de Xerxès ne dépassaient pas cinquante mille hommes.

«Au milieu de tant de myriades d'hommes, il n'y en avait aucun qui, par sa beauté et sa taille, fût plus digne que Xerxès lui-même de posséder cette puissance» (Hérodote)

La levée d'une armée royale ne répondait pas seulement à des préoccupations militaires.

Les Perses représentés à Persépolis (ci-dessous et à gauche) portent un uniforme de parade. Les sceaux montrent de façon plus réaliste l'allure des soldats en campagne.

Lors d'une parade qui eut lieu dans une plaine de Thrace, à Doriskos, Xerxès passa en revue ses troupes terrestres et maritimes, se déplaçant d'un contingent à l'autre, sur son char ou sur son vaisseau. Hérodote décrit longuement la scène. Chaque contingent ethnique portait ses vêtements et ses armes propres, souvent hautement pittoresques. Xerxès était accompagné d'un secrétaire, qui notait les questions posées par le Grand Roi aux chefs des contingents et les réponses que faisaient ceux-ci.

La parade n'était pas autre chose qu'une mise en scène vivante des frises de Persépolis : sur la place d'armes de Doriskos, Xerxès le Grand Roi arpente son empire, dont il découvre la diversité ethnique, et il se réjouit de la puissance que lui a léguée son père.

Les cavaliers perses, qui montaient sans étriers, étaient capables d'organiser des charges extrêmement destructrices, rendues plus efficaces encore par l'utilisation d'arcs et de javelots. Lourdement armurés, cavaliers et chevaux étaient néanmoins lents à se mettre en action : «La nuit, une armée perse est une mauvaise armée. Ils [les Perses] attachent leurs chevaux et le plus souvent leur entravent les pieds, pour éviter qu'ils ne se sauvent [...] quand il se produit quelque alerte ; il faut mettre une housse à la monture du cavalier perse et un mors ; il faut aussi que celui-ci endosse une cuirasse, avant de monter sur la bête» (Xénophon).

La plupart des contingents ethniques décrits par Hérodote à Doriskos ne participèrent pas aux engagements décisifs contre les Grecs. Dans l'armée royale, le rôle central était dévolu à la cavalerie perse proprement dite, et l'armée d'élite était composée essentiellement d'Iraniens : Perses, Mèdes et Saces. C'était sur leur cohésion, et non sur une foule innombrable de recrues disparates et mal entraînées, que comptait le Grand Roi pour emporter la victoire sur les Grecs!

Léonidas aux Thermopyles

Face à la progression des armées de Xerxès, la Grèce était loin d'être unie dans un sentiment patriotique antiperse. Et conformément à ce qu'espérait le roi et ses conseillers, bien des cités et bien des Etats étaient prêts à «mèdiser», à se ranger aux côtés des Perses (souvent qualifiés de Mèdes par les Grecs). Soucieux de dénoncer les coupables, Hérodote en donne une liste qui comprend presque tous les Grecs de la Grèce centrale, et il ne cache pas que la volonté de résistance n'était pas générale, tant s'en faut. Il souligne les nombreuses dissensions qui fragilisaient les Grecs face à leurs ennemis et juge que, sans la farouche résolution des Athéniens, la Grèce entière se serait donnée à l'envahisseur.

Néanmoins, prévenues des préparatifs perses, un certain nombre de cités grecques s'étaient réunies à Corinthe dans l'été 481, au premier rang desquelles Sparte (et ses alliés péloponnésiens) et Athènes. On

“Pendant cette action tomba Léonidas, après s'être conduit avec la plus grande bravoure; et, avec lui, d'autres Spartiates réputés; je me suis informé de leurs noms, comme étant les noms d'hommes dignes de mémoire; je me suis même informé de tous les trois cents. Du côté des Perses, tombèrent également alors nombre d'hommes de distinction : dans le nombre, deux fils de Darius, Abrocomès et Hypéranthès, en combattant pour disputer le corps de Léonidas; et il se produisit entre Perses et Lacédémoniens une violente mêlée; les Grecs, grâce à leur valeur, réussirent à retirer la dépouille de Léonidas.”

Hérodote

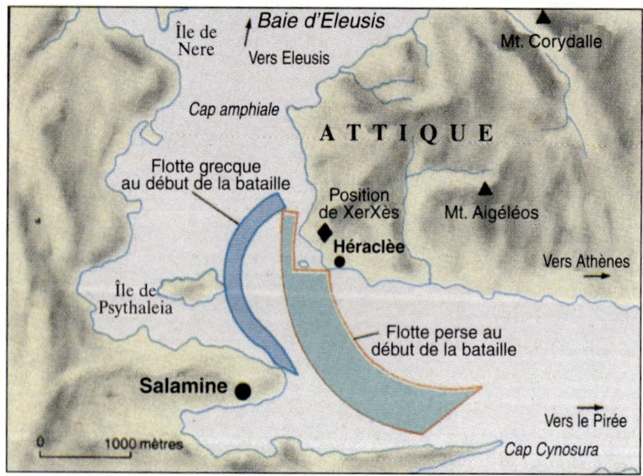

Thémistocle (à droite) avait réussi à persuader les Athéniens de consacrer le produit d'un filon très riche découvert après 490 dans les mines de plomb argentifère du mont Laurion, en Attique, à la construction d'une flotte plutôt que de le répartir entre tous les citoyens. Cette décision permit à Athènes de diriger les opérations navales en 480 et de tirer les profits de la victoire. Thémistocle peut à ce titre être considéré comme le vainqueur de Salamine (plan de la bataille à gauche; reconstitution, ci-dessus, d'une trière grecque et, à droite, de navires de l'empire). Paradoxe de l'histoire, exilé quelques années plus tard, il se réfugia à la cour du Grand Roi.

conclut une alliance militaire (*symmachia*). En raison de son poids, Sparte obtint la direction des opérations.

Après enquête sur le terrain, on décida de placer la première ligne de défense aux Thermopyles sur terre, au cap Artémision sur mer. En dépit du sacrifice de Léonidas et de ses Spartiates, les Perses s'emparèrent du défilé des Thermopyles. Quant à la flotte grecque, elle réussit à quitter de nuit l'Artémision et à se replier vers le sud (août 480). Le camp hellénique disposait ainsi encore de l'essentiel de ses forces.

Les Grecs vainqueurs sur mer à Salamine...

Sur les conseils de Thémistocle, les Grecs décidèrent de mener sur mer le combat qui s'annonçait décisif. Tandis que Xerxès occupait la Grèce centrale, Athéniens et Spartiates se divisaient sur la conduite à tenir. Les premiers, guidés par Thémistocle, proposaient d'attendre la flotte perse dans la rade de Salamine ; les seconds préféraient barrer l'isthme de Corinthe, de manière à pouvoir éventuellement se replier dans le Péloponnèse.

Finalement, la stratégie de Thémistocle, plus cohérente, fut adoptée. Devant la progression des armées perses, la population de l'Attique fut déplacée dans l'îlot de Salamine. Les défenseurs laissés sur place, peu nombreux, ne pouvaient tenir longtemps. Bientôt, Xerxès s'empara de l'Acropole et détruisit les sanctuaires. Mais, comme l'avait prévu Thémistocle, c'est dans la baie de Salamine qu'eut lieu l'affrontement : c'est là que, dans le mois de septembre 480, la flotte perse subit un lourd revers et fut en partie détruite.

... et sur terre à Platées

Après avoir confié à Mardonios une armée d'élite, Xerxès s'embarqua pour l'Asie Mineure. Malgré l'ampleur des pertes, son armée n'était pas anéantie : les forces terrestres n'avaient pas été mises en ligne. Mardonios reçut mission de poursuivre le combat en Grèce même. Dans un premier temps, il choisit d'ouvrir des négociations avec Athènes, lui proposant d'entrer dans l'alliance de Xerxès, moyennant la reconnaissance de son autonomie, la reconstruction des sanctuaires et des agrandissements territoriaux. Poussés par les Spartiates, les Athéniens refusèrent.

Mardonios envahit alors l'Attique pour la deuxième fois (479). Mais devant les concentrations grecques, il dut faire retraite en Grèce centrale. C'est en Béotie que, durant l'été, une formidable bataille se déroula près de Platées. Mardonios y fut tué, et les Perses rescapés regagnèrent l'Asie à grand-peine.

Dans les mois précédents, une flotte grecque avait pris la mer vers les îles et vers l'Asie Mineure. A Sardes, Xerxès coordonnait la défense des territoires,

Les frises du temple d'Athéna Nikè (« Victoire »), élevé sur l'Acropole dans les années 420, à un moment difficile de l'histoire de la cité, célèbrent les victoires remportées sur les Perses (ci-dessous).

fragilisée par les velléités de révolte des Ioniens. Au mois d'août 479, les Grecs furent vainqueurs au cap Mycale, non loin de Milet.

«Et de longtemps, sur la terre d'Asie, on n'obéira plus à la loi des Perses : on ne paiera plus le tribut sous la contrainte impériale; on ne tombera plus à genoux pour recevoir des commandements : la force du Grand Roi n'est plus!»

Ces paroles, prononcées par le chœur des *Perses* d'Eschyle, véhiculent une représentation dominante qui, depuis l'Antiquité, considère le règne de Xerxès, et singulièrement les défaites des années 480-479, comme le début de la décadence accélérée de l'empire perse achéménide. Le même chœur n'implore-t-il pas le souvenir de Darius, «roi sans pareil, l'inspiré des dieux», qui, lui, «ne perdait pas ses soldats dans des débâcles meurtrières»? Et lorsque le fantôme de Darius apparaît, c'est pour condamner l'entreprise folle de son fils, accusé de démesure pour avoir osé défier les dieux sur l'onde marine. Xerxès lui-même reconnaît avoir été «le fléau de son peuple et de sa patrie».

Les auteurs grecs aiment en particulier à souligner la lâcheté du Grand Roi. A preuve, sa «fuite éperdue» après Salamine, dans la crainte que les ponts fussent

Souvent présentés dans les textes grecs et sur les peintures comme sans force militaire en raison de l'abus de bonne chère et de boisson (ci-dessus), les Perses, placés au centre de l'armée, n'en opposèrent pas moins, à Platées comme ailleurs, un courage sans faille aux fantassins grecs (à gauche).

Au-delà de la haine proclamée du Barbare, les Grecs furent sensibles à l'influence culturelle perse, voire fascinés par le luxe de la cour achéménide. A l'issue des guerres médiques, de nombreux objets précieux – vaisselles, bijoux... – tombèrent entre leurs mains (la tente royale servit peut-être de modèle à l'Odéon d'Athènes). Hérodote rapporte également que des Thraces mirent la main sur le char sacré d'Ahura-Mazda. Des éléments des répertoires iconographiques orientaux furent adoptés à Athènes. Cette influence est particulièrement évidente sur cette stèle athénienne, qui commémorait peut-être la présence à Athènes d'un ambassadeur perse. Chacun des registres reprend presque à l'identique des thèmes fréquemment illustrés à Persépolis et sur les sceaux achéménides. En haut, on trouve une scène du Héros royal, tenant des animaux composites au bout de chacun de ses deux bras allongés. Le registre inférieur reprend le thème du lion à la proie sous une forme étonnamment proche du motif porté sur le sceau de Gobryas (page de droite, à droite).

détruits. En réalité, dans les conceptions achéménides, il importait que la vie du roi soit sauve. Par ailleurs, Mardonios avait conservé près de lui les meilleurs contingents. Enfin, à Sardes, Xerxès n'est pas resté inactif. C'est lui qui mène la contre-attaque contre les Ioniens révoltés, n'hésitant pas à punir sévèrement le Didymeion de Milet, les destructions répondant à celles que les troupes perses lui avaient infligées en 494 à l'issue de la première révolte de l'Ionie.

Si Xerxès quitte Sardes au mois d'août 479, peu après la défaite du cap Mycale, ce n'est pas non plus par lâcheté ni par découragement. Atteints de myopie polémique jusqu'à la caricature, les auteurs grecs oublient (ou ignorent) que le Grand Roi doit suivre plusieurs affaires à la fois. Or, en ce même mois d'août 479 éclate en Babylonie une révolte infiniment plus menaçante que celle de 481. Après avoir réorganisé son dispositif stratégique en Asie Mineure, le roi prend donc la route de Babylone, qui sera réduite trois mois plus tard.

Loin d'être la réplique déformée et falote de son père, Xerxès a su développer une politique très ferme

Les *Histoires* d'Hérodote s'interrompent brutalement en 479. Les autres auteurs grecs escamotent littéralement la fin du règne (479-466) de Xerxès, n'y consacrant qu'une ou deux lignes. Ces lacunes accroissent encore l'impression désastreuse qui s'attache au règne du successeur de Darius. En réalité, ni avant ni après 479, le centre du pouvoir achéménide n'est réduit aux intrigues des princesses perverses et des harems luxurieux, si complaisamment mises en scène par les Grecs.

L'activité de Xerxès se marque par l'ampleur des constructions réalisées à Persépolis, attestées par les documents archéologiques et les inscriptions royales. Elle est également illustrée par la vigueur de la reprise en main de la Babylonie, bien plus importante pour le pouvoir central que la côte d'Asie Mineure. Dans

Le thème du lion à la proie est présent également sur plusieurs escaliers de Persépolis (en bas), mais ici, le fauve plante ses crocs dans la croupe d'un taureau

qui se cabre. Une scène dont s'est, à l'évidence, inspiré le peintre de ce vase grec, sur lequel le fauve attaque un cheval.

La monnaie royale d'argent (sicle) et d'or (darique) à l'archer, créée par Darius dans la première partie de son règne, continua d'être frappée par ses successeurs et même, après la prise de Babylone, par Alexandre (ci-contre). Ces monnaies royales étaient utilisées à des fins diplomatiques (cadeaux) et militaires (solde). Elles étaient un véhicule privilégié des images royales dans tout l'empire. Des communautés sujettes les adoptèrent parfois, notamment Sidon, liée étroitement à la puissance achéménide, dont les monnaies montraient le Grand Roi dans son char.

Une grande partie des échanges au Moyen-Orient se faisait avec de l'argent pesé. La monnaie athénienne circulait très largement dans l'empire et, à la fin du Ve siècle et dans le courant du IVe, nombre de régions frappaient leur propre monnaie, parfois sur l'étalon perse. De même, sur autorisation du roi, les généraux perses frappaient monnaie pour financer la guerre.

le même temps, l'idéologie monarchique se renforce, dans les liens de plus en plus étroits que le Grand Roi entretient avec Ahura-Mazda. Plus encore que sous Darius, la Perse est considérée comme le centre et le moyeu de l'empire.

L'empire des Grands Rois a résisté aux défaites de 479

Sur le plan territorial, l'héritage de Darius a sans aucun doute été fortement atteint sur le front occidental. Dans les quelques années qui suivirent, les garnisons perses en Thrace furent balayées (à l'exception de Doriskos), les îles quittèrent le camp de Xerxès, de même que nombre de cités du littoral d'Asie Mineure.

En 478-477 avait été fondée, sous l'égide d'Athènes, une alliance, la Ligue de Délos, officiellement chargée de défendre les cités grecques d'Asie et de faire du butin sur les territoires royaux. Désormais, beaucoup de cités d'Asie verseront tribut au Trésor de la Ligue à Délos, et non plus dans les caisses des satrapes. Le pouvoir achéménide devra compter avec la forte présence athénienne qui, dans les années 470-450, va se manifester jusqu'en Egypte. Néanmoins, Xerxès (486-465) puis Artaxerxès Ier (465-424) réussiront à contenir l'avance athénienne et à maintenir intactes leurs positions dans les autres territoires impériaux. Et en 386, Artaxerxès II (405-404/359-358) impose à nouveau la souveraineté perse sans partage sur les côtes d'Asie Mineure.

Xerxès et ses successeurs ont su faire fructifier l'immense œuvre d'organisation et de réorganisation menée par Darius

Pour la première fois dans l'histoire du Proche-Orient, de la mer Egée à l'Indus, de l'Asie centrale au golfe Persique et à la mer Rouge, tous les territoires ont été unis dans une même formation étatique. Et cet empire n'était pas un simple agencement théorique de pays, qui auraient conservé, chacun, leur indépendance par rapport à un centre déliquescent. Il s'agit d'une formation impériale au plein sens du terme, qui s'est maintenue durant deux siècles et demi. Certes, les contradictions internes du système n'ont pas

Dans une inscription (ci-dessus), Xerxès déclare avoir supprimé le culte rendu aux démons (*daivas*), et avoir réaffirmé la prééminence d'Ahura-Mazda. On a cru que le Grand Roi faisait allusion aux destructions de temples ordonnées à Athènes ou en Babylonie. A tort. Xerxès, comme ses prédécesseurs, ne porta pas atteinte aux cultes et sanctuaires locaux, sauf en cas de révolte contre son autorité. L'inscription ne fait pas référence à un fait historique précis ; elle atteste avant tout que, lieutenant d'Ahura-Mazda, le Grand Roi doit maintenir l'ordre et la concorde sur terre.

Parmi les symboles du pouvoir royal, les reliefs de Persépolis montrent le tabouret qui permettait au roi de descendre de son char. Il l'emportait partout.

manqué de se manifester. En dépit des liens étroits entre le roi et l'aristocratie, il y eut plusieurs révoltes de satrapes. Certains peuples conquis continuèrent de contester la domination perse. Ainsi, par exemple, que les Perses perdirent le contrôle de l'Egypte entre 404 et 343. La multiplication des assassinats et des usurpations dynastiques est le symptôme de difficultés au centre même de l'empire. Mais Darius lui-même n'était-il pas arrivé au pouvoir par le fer et le sang ?

Le moindre des paradoxes n'est-il pas que les Perses surent administrer leurs conquêtes en laissant subsister une extraordinaire variété culturelle, linguistique et religieuse, tout en maintenant leur statut politique privilégié et en se réservant l'essentiel des profits tributaires tirés de l'exploitation des territoires et des populations?

Face à Alexandre victorieux au Granique (mai 334), Darius III se porte en personne, mobilisant toutes ses forces pour écarter un péril mortel. Mais le Grand Roi est battu à Issos, en Cilicie, en novembre 333.

D'un empire l'autre

Au milieu du IVe siècle, une nouvelle puissance s'est constituée en Macédoine,

sous l'égide de Philippe II. Son fils Alexandre prend l'offensive contre l'empire perse en 334 et remporte victoire sur victoire, malgré la résistance acharnée de Darius III. A la fin 331, il s'empare de Persépolis et l'année suivante, le Grand Roi est assassiné par des satrapes.

Ayant reconstitué l'empire à son profit, Alexandre sut tirer parti, en l'adaptant à ses objectifs propres, de l'expérience politique et administrative des Grands Rois. Il reprend dans ses moindres détails le système satrapique et l'organisation tributaire. De plus en plus, il se pose comme un nouveau Grand Roi et s'arroge les privilèges symboliques de la royauté achéménide : l'audience, la *proskynèse*... Les nobles perses et iraniens se voient confier postes et satrapies. Et en 324, au cours d'une fête grandiose copiée sur le cérémonial achéménide, lui-même et ses proches épousent des princesse perses. Séleukos, l'un des compagnons du conquérant, épousa Apamè, la fille du prince bactrien Spitaménès. C'est de cette union qu'est issue l'une des plus grandes dynasties du monde hellénistique, la dynastie séleucide, qui domina le Proche-Orient jusqu'à la conquête romaine.

Sur cette mosaïque de la bataille d'Issos, copie d'un tableau hellénistique, Darius affrontant le jeune Alexandre ne fait pas figure de vaincu. Il combat sur son char, entouré de ses guerriers d'élite et domine la scène. Deux ans plus tard, à Gaugamèles, les Macédoniens remportent une victoire décisive, qui ouvre à Alexandre la route des capitales et en fait un héros dont l'image (à gauche) sera diffusée dans tout l'empire. Moins que par la «décadence», l'échec achéménide s'explique peut-être surtout par l'incapacité des Perses à créer un véritable loyalisme impérial parmi les peuples sujets.

TÉMOIGNAGES ET DOCUMENTS

Inscriptions, lettres et édits,
déchiffrés grâce aux travaux de Rawlinson,
sont confrontés aux sources antiques
connues depuis toujours.

L'avènement de Darius : le dossier d'une énigme

La documentation portant sur l'avènement de Darius est effroyablement embrouillée. De la version, à coup sûr complaisante, qu'en donne l'intéressé lui-même aux récits d'Hérodote, Ctésias ou Eschyle – tous grecs –, les divergences sont sensibles. Et six siècles après les événements, Justin en parle encore.

«Le Roi Darius déclare»

Dans l'inscription qu'il a fait graver sur le rocher de Behistoun, Darius insiste sur l'aspect purement personnel de sa victoire contre l'usurpateur du trône de Cambyse, le mage Gaumata.

Le Roi Darius déclare : ce royaume que Gaumata le Mage ravit à Cambyse, ce royaume appartenait depuis l'origine à notre lignée; puis Gaumata le Mage ravit aussi bien la Perse, la Médie que les autres pays, il se les accapara, il en fit sa propre possession, il devint Roi. Le Roi Darius déclare : il n'y eut personne, ni un Perse, ni un Mède, ni quiconque de notre lignée qui pût ravir le royaume à Gaumata le Mage. Le peuple le craignait fort. Il exécutait beaucoup de gens qui, auparavant, avaient connu Bardiya. Voilà pourquoi il tuait des gens : «Qu'ils ne sachent pas que je ne suis pas Bardiya, le fils de Cyrus!» Personne n'osait rien dire sur Gaumata le Mage jusqu'à ce que j'arrive. Alors, j'ai imploré Ahura-Mazda, Ahura-Mazda m'a apporté son soutien : le dixième jour du mois de Bagayadi, avec un petit nombre d'hommes, je tuai Gaumata le Mage et ceux qui étaient ses principaux partisans; je le tuai à Sikayauvati, une place forte en Médie, dans la région de Nisaya. Je lui ravis le royaume, par la puissance d'Ahura-Mazda, je devins roi, Ahura-Mazda me remit le royaume.

Ce n'est que dans un ajout ultérieur, dans la Colonne V (elle-même gravée après sa campagne contre les Saces), qu'il reconnaît plus explicitement le rôle des six autres conjurés.

Le Roi Darius déclare! Voici les hommes qui étaient présents jusqu'à ce que j'eus tué Gaumata le Mage qui disait être

Bardiya; à ce moment ils ont coopéré comme mes partisans : Intaphernès, le fils de Vayaspara, un Perse; Otanès, le fils de Thuxra, un Perse; Gobryas, le fils de Mardonios, un Perse; Hydarnès, le fils de Bagabigna, un Perse; Mégabyze, le fils de Datuvahya, un Perse; Ardumani, le fils d'Ochos, un Perse. Le Roi Darius déclare! Toi qui dans l'avenir seras roi, prends bien soin de la lignée de ces hommes.

Eschyle : ce n'est pas Darius qui a tué

Dans Les Perses *d'Eschyle (472 av. J.-C.), le fantôme de Darius fait référence lui aussi à l'usurpation du Mage, désigné sous le nom de Mardis; il est piquant de constater que le meurtre du Mage n'y est pas attribué à Darius, mais à son frère Artaphernès.*

Médos fut le premier chef de ce peuple en armes. Après lui, son fils acheva l'œuvre : la raison en lui gouvernait les passions. Le troisième après celui-là, Cyrus, héros favorisé du sort, en prenant le pouvoir, établit la paix entre les peuples frères, puis conquit la Lydie, la Phrygie et dompta par la force l'Ionie entière; le ciel ne lui était point hostile, car il était sage. Le fils de Cyrus fut le quatrième chef de l'armée, et Mardis prit le pouvoir le cinquième, opprobre de sa patrie et de ce trône antique, jusqu'au jour où le brave Artaphernès le tua, par ruse, en son palais, aidé d'amis unis pour cette tâche.

Eschyle,
Les Perses, 765-777

Représentation du Grand Roi sur un vase grec dit «de Darius» (IVe siècle).

Hérodote : Darius n'était pas seul

L'historien grec, qui écrit au Ve siècle av. J.-C., met en avant le caractère collectif de la conjuration des Sept et en assigne plutôt l'initiative à Otanès.

Otanès prit avec lui Aspathinès et Gobryas, qui étaient des Premiers entre les Perses et, à ses yeux, les mieux désignés pour être ses confidents; et il leur exposa toute l'affaire. Il se trouva qu'eux-mêmes de leur côté soupçonnaient qu'il en était ainsi. Quand Otanès eut fait sa communication, ils acquiescèrent à ce qu'il leur disait. Et ils furent d'avis que chacun d'entre eux s'associât un homme parmi les Perses, celui en qui il avait le plus de confiance. Otanès amena donc Intaphernès, Gobryas Mégabyze, Aspathinès Hydarnès. Ils étaient ainsi au nombre de six, quand se présenta à Suse Darius, fils d'Hystaspes, venant de Perse. [...] Lors donc qu'il fut arrivé, les six Perses furent d'avis de se l'associer également. Les conjurés, alors au nombre de sept, se réunirent et se concertèrent.

[Puis, les Sept se présentent au palais. Smerdis se réfugie dans sa chambre à coucher.]

Deux des Sept s'y précipitèrent avec lui, Darius et Gobryas; Gobryas saisit le mage à bras le corps; Darius, qui se tenait auprès, ne savait que faire, car on était dans l'obscurité, et il était retenu par la crainte de frapper Gobryas. Le voyant inactif près de lui, Gobryas lui demanda pourquoi il ne se servait pas de sa main : «C'est, dit Darius, par sollicitude pour toi, de crainte de te frapper.» Gobryas répondit : «Pousse ton épée même à travers nous deux.» Darius obéit : il poussa son épée, et le hasard voulut qu'il atteignît le mage!

[Avant de choisir le roi, les Sept prennent des engagements mutuels pour l'avenir.]

Ils furent d'avis d'accorder à Otanès et aux descendants d'Otanès à perpétuité, si la royauté était attribuée à un autre des Sept, chaque année comme distinctions exceptionnelles un costume médique et tous les dons qui, chez les Perses, sont les plus estimés. Ils décidèrent de lui accorder ces distinctions parce qu'il avait été le premier à projeter l'entreprise et qu'il les avait réunis. Et, pour eux tous, ils décidèrent ceci : que quiconque des Sept le voudrait pénétrerait dans le palais royal sans introducteur, à moins que le roi ne fût alors couché avec une femme, et que le roi ne pourrait prendre femme ailleurs que chez ceux qui s'étaient soulevés avec lui. Pour l'attribution de la royauté, ils décidèrent ce qui suit : celui d'entre eux, montés sur leurs chevaux dans le faubourg, dont le cheval, au lever du Soleil, hennirait le premier, celui-là serait roi.

Hérodote,
Histoires, III, 70-84

Ctésias affabule

Au IVe siècle av. J.-C., Ctésias de Cnide, médecin de cour auprès d'Artaxerxès II, écrit des Persika, *dans lesquelles il parle de l'affaire. La comparaison avec ce qu'en dit Hérodote montre à quel point les événements de 522 avaient donné lieu à informations contradictoires et à réécritures, entre lesquelles il est souvent difficile de choisir. Comme chez Xénophon, Bardiya porte ici le nom de Tanyoxarkès.*

Un mage du nom de Sphendadatès, coupable d'une faute et fouetté par Tanyoxarkès, vient trouver Cambyse et accuse faussement Tanyoxarkès, frère du roi, de comploter contre celui-ci. Pour prouver l'infidélité de Sphendadatès, il assurait que si on le mandait de venir, il ne viendrait pas. Cambyse ordonne donc à son frère de venir et celui-ci, retenu par d'autres soins, décide de s'abstenir. Le mage n'en a que plus d'assurance dans ses calomnies. Mais Amytis, mère des princes, qui soupçonnait les desseins du mage, essayait de déterminer son fils Cambyse à ne pas le croire; Cambyse, tout en feignant de ne pas l'écouter, lui accordait une confiance absolue. […] Le drame se noue. En effet, le mage, complice des desseins du roi, suggère le plan que voici : il ressemblait fort, lui le mage, à Tanyoxarkès; il conseille donc qu'on publie l'ordre de le décapiter pour avoir calomnié le frère du roi; on ferait périr Tanyoxarkès en secret, le mage endosserait les vêtements de ce dernier : son accoutrement même le ferait prendre pour Tanyoxarkès. Ainsi fait-on. On fait avaler du sang de taureau à Tanyoxarkès qui en meurt. Le mage endosse ses vêtements et se fait passer pour lui. Pendant longtemps, il abuse tout le monde sauf Artasayras,

Bagapatès et Izabatès, ceux-là seuls à qui Cambyse avait avoué l'affaire. Labuxos, le chef des eunuques, est mandé avec les autres par Cambyse qui leur montre le mage siégeant dans l'accoutrement du mort : «Cet homme, leur dit-il, croyez-vous que c'est Tanyoxarkès?» Labuxos s'étonne : «Et qui d'autre – dit-il – croirions-nous que c'est?», tant le mage les abusait par sa ressemblance. Aussi est-il envoyé en Bactriane et il se comporte absolument comme si c'était Tanyoxarkès. [...]

Avant la mort de Cambyse, Bagapatès et Artasyras avaient résolu de faire le mage roi; ce fut lui qui régna après la mort de Cambyse. Izabatès prend le corps de Cambyse et le ramène en Perse. Le mage étant devenu roi sous le nom de Tanyoxarkès, Izabatès revient de Perse. Après avoir tout révélé aux troupes et désigné le mage au mépris public, il se réfugie dans un temple; on l'en arrache et on lui coupe la tête. Après cette exécution, sept nobles Perses conspirent contre le mage. C'étaient Onophas, Idernès, Norondabatès, Mardonios, Barissès, Artaphernès et Darius, fils d'Hystaspes. [...] Des sept conjurés, Darius devient roi parce que, selon leurs conventions, il sut, par un habile subterfuge, faire hennir son cheval le premier quand le soleil apparut au levant.

Ctésias,
Persika, 10-15

Justin fait réapparaître le mage Gaumata

Un seul auteur ancien, Justin, au IIe siècle, cite, sous le nom de Comètès, le mage Gaumata, accusé par Darius d'avoir usurpé le trône après l'assassinat de Bardiya. Mais la présentation est bien différente de celle qui est proposée sur le rocher de Behistoun.

Après un tel désastre [l'expédition en Nubie], Cambyse n'hésita pas, après ces sacrilèges [contre des temples égyptiens], à commettre encore un parricide. Il eût été difficile d'épargner les siens à un homme qui, dans son mépris de la religion, s'était attaqué même aux dieux. Il chargea de cette mission un mage de ses amis, nommé Comètès. Cependant son épée sortie par hasard du fourreau lui fit à la cuisse une grave blessure, dont il mourut, expiant ainsi, soit le parricide qu'il avait commandé, soit le sacrilège qu'il avait consommé. Le mage, en ayant reçu la nouvelle, se hâta d'accomplir sa mission avant que la nouvelle de la mort du roi se fût répandue. Il tua Mergis, à qui le trône revenait de droit, et lui substitua son frère Oropastès, qui, par la conformation du visage et du corps ressemblait de fort près à Mergis. Comme personne ne soupçonnait l'artifice, Oropastès est intronisé roi à la place de Mergis.

Justin,
Histoires philippiques,
I.9.4-10

Inscriptions, lettres et édits du Grand Roi

L'immense majorité des inscriptions royales n'ont pas un caractère administratif mais idéologique : elles exaltent la puissance du souverain, sa domination sur les territoires et les hommes, ses rapports privilégiés avec les dieux… selon un formulaire qui n'a guère varié depuis Darius Ier. Les auteurs grecs, la Bible ou des papyrus laissés par les gouverneurs d'Egypte apportent quelques précisions sur les décisions des Grands Rois.

Le Grand Roi régulateur des cultes

Dans l'inscription de Xerxès, dite des daivas *(«démons»), le fils de Darius parle en sa qualité immuable de régulateur des cultes perses (à l'exclusion de toute interférence dans les cultes des peuples sujets).*

Dit le Roi Xerxès : quand je devins roi, parmi les pays qui sont inscrits ci-dessus, il y en avait un qui était en désordre. Ensuite Ahura-Mazda m'a apporté son aide; par la grâce d'Ahura-Mazda, je réprimai ce pays et le remis en ordre. Et, parmi ces pays, on y rendait auparavant un culte en l'honneur des démons *(daivas)*. Après quoi, par la grâce d'Ahura-Mazda, je détruisis le sanctuaire de ces démons et je fis une proclamation : «On ne devra rendre un culte aux démons!» Où précédemment les démons étaient honorés, j'ai rendu un juste culte à Ahura-Mazda et à Arta! (*XPh*, § 4, a-b).

Traduction de Cl. Herrenschmidt, *Achaemenid History,* IV, 1990

Le Grand Roi bâtisseur

Parmi les inscriptions, un grand nombre rappellent et exaltent les qualités de bâtisseur des Grands Rois : telles quatre inscriptions (deux en vieux-perse, une en akkadien, une en élamite) disposées sur un panneau du mur de soutènement sud de la terrasse de Persépolis.

Moi, Darius le Grand Roi, le Roi des rois, le roi des pays, le roi sur cette terre, fils d'Hystaspes, l'Achéménide. Et Darius le Roi dit : «En cet emplacement où cette forteresse-ci a été construite, là, auparavant, aucune forteresse n'avait été construite. Par la grâce d'Ahura-Mazda,

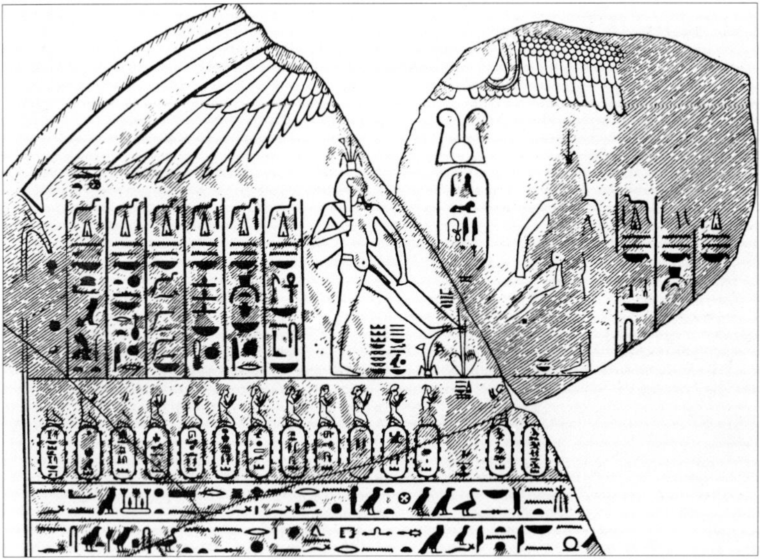

Stèle trouvée à Tell el Maskhoutah, sur le trajet du canal ouvert par Darius entre le Nil et la mer Rouge.

cette forteresse-ci, moi je l'ai construite ainsi qu'était le dessein d'Ahura-Mazda, tous les dieux [étant] avec lui, [à savoir] que cette forteresse fut construite. Et je l'ai construite, parachevée, rendue résistante, ainsi que cela m'avait été prescrit.» Et Darius le Roi dit : «Moi qu'Ahura-Mazda me protège, tous les dieux [étant] avec lui, et aussi cette forteresse-ci, et encore ce qui a été aménagé pour cet emplacement! Ce que pensera l'homme qui est hostile, que cela ne soit pas reconnu! (*DPf*, élamite).

Idem

Ahura-Mazda est grand, qui est le plus grand de tous les dieux, qui a créé le ciel, a créé les hommes, qui a remis aux hommes qui y vivent toute félicité, qui a créé Darius pour être roi et a remis à Darius le Roi la royauté sur cette vaste terre, sur laquelle il y a de nombreux pays, la Perse, la Médie et les autres pays aux autres langues, des montagnes et des plaines, de ce côté du Fleuve Amer et de l'autre côté du Fleuve Amer, de ce côté de la terre assoiffante et de l'autre côté de la terre assoiffante. Le Roi Darius déclare : «Par la protection d'Ahura-Mazda, voici les pays qui ont construit ceci, qui ici sont rassemblés : la Perse, la Médie et les autres pays aux autres langues, de ce côté du Fleuve Amer, de ce côté de la terre assoiffante et de l'autre côté de la terre assoiffante, comme je leur en ai donné l'ordre. Ce que j'ai fait, tout cela je l'ai fait sous la protection d'Ahura-Mazda. Puisse Ahura-Mazda me protéger avec tous les dieux, moi et aussi ce que j'ai... [?] (*DPg*, akkadien).

Idem

La tradition ne se perdit pas chez les successeurs de Darius. Ces inscriptions permettent en même temps aux rois de se prévaloir de leur illustre généalogie et de se situer dans la continuité dynastique. A preuve cette inscription d'Artaxerxès II à Suse.

Dit Artaxerxès le Grand Roi, Roi des rois, roi des pays, roi sur cette terre, fils de Darius le Roi [Darius II], de Darius le fils d'Artaxerxès [Artaxerxès I], de Xerxès qui était le fils de Darius [I], de Darius qui était le fils d'Hystaspes, un Achéménide. Cettte salle d'audience *(apadana)*, mon trisaïeul Darius [I] l'a construite; par la suite, à l'époque d'Artaxerxès [I] mon grand-père, le feu la détruisit. Avec l'aide d'Ahura-Mazda, d'Anahita et de Mithra, je [re]construisis cet *apadana*. Puisse Anahita et Mithra me garder de tout mal, et que ce que j'ai construit, qu'aucun maléfice ou destruction ne le ruine *(A2a)*.

Traduction de M. J. Steve,
Ville royale de Suse,
Nice, 1987

Une lettre à l'intendant d'un paradis

En raison de la disparition des archives centrales, nous ne connaissons le texte de certaines décisions royales que par des citations éparses présentes dans les langues de peuples soumis. C'est dans une copie grecque, par exemple, que l'on a retrouvé le texte de la lettre envoyée par Darius à l'intendant Gadatas en Asie Mineure.

Le Roi des rois, Darius, fils d'Hystaspes, à son serviteur Gadatas parle ainsi. J'apprends que tu ne te conformes pas sur tous les points à mes instructions. Sans doute tu appliques tes soins à cultiver la terre qui m'appartient, puisque tu transplantes dans la Basse-Asie des arbres qui croissent de l'autre côté de l'Euphrate : sur ce point, je loue ton intention, et, pour cela, il y aura envers toi une grande reconnaissance dans la Maison du Roi. Mais, d'autre part, comme tu fais disparaître mes sentiments à l'égard des dieux, je te ferai éprouver, si tu ne changes pas, ma colère excitée par une injure. Les jardiniers sacrés d'Apollon ont été par toi soumis aux tributs et contraints de travailler un terrain profane : c'est là méconnaître les sentiments de mes ancêtres pour le dieu qui a dit aux Perses [*vacat*].

Darius et le temple de Jérusalem

C'est par la Bible (le Livre d'Esdras) que nous connaissons le texte de l'édit envoyé par Darius à Tattenaï, gouverneur de Transeuphratène.

Maintenant donc, Tattenaï, gouverneur de Transeuphratène, Shetar-Boznaï, et vous leurs collègues, les autorités en

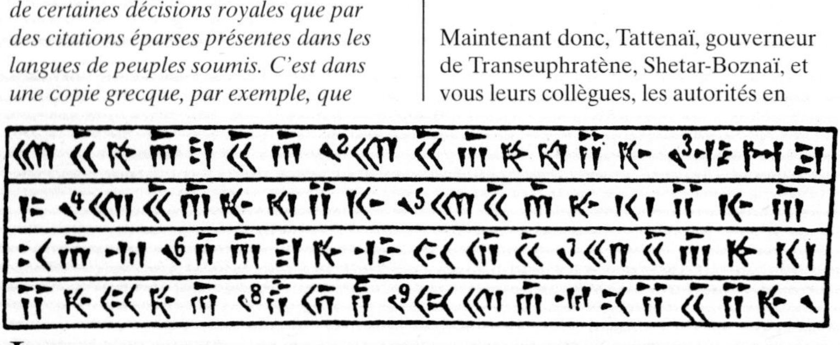

Inscription de Xerxès en vieux-perse.

Transeuphratène, écartez-vous de là! Laissez travailler à ce Temple de dieu le haut commissaire de Juda et les Anciens des Judéens : ils doivent rebâtir ce Temple de dieu en son site primitif. Voici mes ordres concernant votre ligne de conduite vis-à-vis de ces Anciens des Judéens pour la reconstruction de ce Temple de dieu : c'est sur les fonds royaux – c'est-à-dire les tributs de Transeuphratène – que les dépenses de ces gens leur seront exactement, et sans interruption, remboursées. Ce qu'il leur faut pour les holocaustes du dieu du ciel : jeunes taureaux, béliers et agneaux, et aussi blé, sel, vin et huile, leur sera, sans négligence, quotidiennement fourni suivant les indications des prêtres de Jérusalem, pour qu'on offre au dieu du ciel des sacrifices d'agréable odeur et qu'on prie pour la vie du Roi et de ses fils. J'ordonne encore ceci : Quiconque transgressera cet édit, on arrachera de sa maison une poutre; lui, debout, y sera mis au pilori; quant à sa maison, on en fera, pour ce forfait, un tas d'ordures. Que le dieu qui fait là résider en son nom renverse tout roi ou peuple qui entreprendrait de passer outre en détruisant ce Temple de dieu à Jérusalem! Moi, Darius, j'ai édicté cette ordonnance, qu'elle soit ponctuellement exécutée!

Esdras, 6,.6-12

Les travaux d'irrigation

Le souvenir de mesures prises par le Grand Roi s'est parfois perpétué sur des générations. Témoin, ce renseignement donné par l'historien hellénistique Polybe sur les encouragements royaux à creuser des qanats *(conduits d'adduction d'eaux souterraines) sur le plateau iranien. En 209, le roi parthe Arsakès tente de ralentir la marche du roi séleucide Antiochos III.*

Arsakès s'attendait bien à ce que le roi poussât son avance jusque dans cette région, mais il pensait qu'il ne se risquerait pas à traverser avec une armée aussi nombreuse la contrée désertique qui lui fait suite. En effet, l'eau n'y apparaît nulle part à la surface du sol, bien qu'il existe des canaux souterrains alimentant des citernes, dont l'emplacement est ignoré de ceux qui ne connaissent pas le pays. Suivant une tradition véridique qui s'est transmise parmi les habitants, les Perses, à l'époque où ils étaient les maîtres de l'Asie, concédèrent pour le temps de cinq générations le droit de cultiver les terres jusque-là arides à ceux qui parviendraient à les irriguer. Or, comme les eaux coulent partout sur les pentes du Taurus [Elbourz], les gens du pays, au prix de grandes dépenses et de rudes travaux, amenèrent cette eau de fort loin en creusant des canaux souterrains, en sorte que de nos jours ceux qui utilisent cette eau ne savent plus où commencent ces canalisations.

Polybe,
Histoire, X, 28

Un faux notoire

Dans le lot de citations, on trouve également des faux avérés, telle la correspondance entre Darius et le philosophe grec Héraclite.

Darius, désirant s'entretenir avec lui, lui écrivit la lettre suivante : «Le Roi Darius, fils d'Hystaspes, au philosophe Héraclite d'Ephèse, salut! Tu as composé un traité sur la nature, difficile à comprendre et à expliquer. Quelques passages, interprétés conformément à tes expressions, paraissent renfermer une théorie de l'ensemble de l'univers, des phénomènes qu'il embrasse et des mouvements divins qui s'y accomplissent; mais le plus souvent l'esprit reste en suspens, et ceux-là mêmes qui ont le plus étudié ton ouvrage ne peuvent démêler exactement le sens de tes paroles. Aussi le roi Darius, fils d'Hystaspes, désire-t-il t'entendre et être initié par toi à la science des Grecs. Viens donc au plus tôt dans mon palais. Les Grecs en général n'accordent pas aux savants toute l'estime qu'ils méritent; ils dédaignent leurs nobles enseignements, dignes cependant d'une étude sérieuse et attentive. Auprès de moi, au contraire, aucun honneur ne te manquera; tu y trouveras chaque jour d'honorables entretiens, un auditeur dévoué et cherchant à régler sa conduite sur la tienne.» Voici la réponse : «Tous les hommes aujourd'hui s'écartent de la vérité et de la justice, tout entiers à l'ambition et à la gloire, les misérables insensés. Pour moi qui ignore complètement le mal, qui n'ai rien tant à cœur que d'éviter l'envie importune et d'échapper à l'orgueil de la puissance, je ne mettrai pas les pieds sur la terre des Perses. Je me contente de peu et je vis à ma fantaisie.» Tel était Héraclite, même à l'égard d'un roi!

Diogène Laërce,
Vie des philosophes illustres, IX, 1

Une correspondance suspecte

D'autres cas sont moins clairs, par exemple des lettres qui auraient été échangées entre le régent de Sparte, Pausanias, et Xerxès, peu après les défaites perses de 479. Dans sa réponse (transmise par Thucydide), Xerxès promet à Pausanias le titre envié de Bienfaiteur royal.

Du Roi Xerxès à Pausanias. En ce qui concerne les hommes que tu a sauvés et m'as envoyés de Byzance, par-delà la mer, ce service te restera compté dans notre Maison comme un titre inscrit à jamais; de même, les propositions que tu me fais me sont agréables. Ni nuit ni jour ne doivent t'arrêter et ralentir l'exécution de ce que tu me promets; aucune dépense, en or ou en argent, aucun besoin en effectifs, ne doivent être un obstacle, là où il t'en faudra; d'accord avec le noble Artabaze que je t'ai envoyé, conduis en toute confiance mes affaires et les tiennes de la façon la plus glorieuse et la meilleure pour tous les deux.

Thucydide,
Guerre du Péloponnèse, I, 129, 3

Le témoignage d'un papyrus égyptien

Grâce aux conditions climatiques favorables, le sol de l'Egypte a conservé des papyrus et des parchemins, qui transmettent des actes très importants de la chancellerie de Memphis, comme cette lettre (rédigée en démotique sur un original araméen) adressée par le satrape de Darius aux administrateurs d'un sanctuaire d'Eléphantine (Yeb) en 492.

Pherendatès, auquel l'Egypte est confiée, parle à tous les prêtres de Khnûm, seigneur de Yeb. Pherendatès est celui qui parle : «Il y a des prêtres que le chef de la première *phylè* [«tribu»] a amenés devant moi antérieurement en disant : “Qu'on les fasse administrateurs [du sanctuaire, *lesonis*]!”, pendant que l'un de ces prêtres qui avaient fui, ordre a été donné de le rechercher. Un autre était le serviteur d'un autre homme. Il n'était pas possible de faire de ces gens-là des administrateurs. Le prêtre qu'il est possible de faire administrateur, c'est un homme de poids, je lui permettrai éventuellement de paraître devant moi, il sera choisi en accord avec ce qu'a ordonné Darius le pharaon. De même

Statue de Ptah-Hotep, dignitaire égyptien au service de Darius.

pour quiconque remplira les conditions pour devenir *lesonis*. Maintenant, le prêtre qui sera choisi pour devenir *lesonis* devra remplir les conditions prescrites : celui qui sera choisi et amené en conformité avec ce que Darius le pharaon a ordonné. Le prêtre qui aura laissé quelque chose d'abîmé ou celui qui est le serviteur d'un autre homme – qu'ils ne soient pas amenés pour être *lesonis*, sachez-le! Jebr [?] connaît cet ordre.» Peftu'uneith est celui qui a écrit la lettre. Ecrit par Apriès, en l'an de règne 30, le 29e jour de l'inondation (Choiak). *Verso* : [lettre envoyée à] tous les prêtres de Khnûm, [le seigneur d'Eléphantine, par Pherendatès, à qui l'Egypte est confiée].

D'après G. R. Hughes,
in *Grammatica Demotica*,
Würzburg, 1984

Un ordre du satrape

On a également retrouvé en Babylonie des milliers de tablettes datant de l'époque achéménide. Voici par exemple une mise en demeure envoyée en 526 au Fermier des dattes par Gubaru, dont la fonction de satrape est attestée de 535 à 525.

Avant la fin du mois de kislim de la 4e année de Cambyse, roi de Babylone, roi des pays, Ardiya, fils de Nabû-ban-ahi, descendant de Remut-Ea, le Fermier Général aux dattes d'Ishtar d'Uruk, portera 5 000 charges de nervure de palmes et les donnera au Palais du Roi qui domine l'Eanna, à Nabû-ah-iddin, Principal du Roi, chef du contrôle de l'Eanna. S'il ne les apporte pas, il mesurera sa culpabilité devant Gubaru, le gouverneur de Babylone et de Transeuphratène!

D. Cocquerillat,
Palmeraies et culture d'Uruk (559-520),
Berlin, 1968

Les tablettes élamites de Persépolis

En 1933-1934 et en 1936-1938, deux lots de tablettes élamites ont été découverts à Persépolis : les tablettes des Fortifications (datées de 509-494, et cataloguées PF) et les tablettes du Trésor (datées de 492 à 458, et cataloguées PT). Les premières enregistrent le versement des produits alimentaires à des personnes de toutes catégories, des plus hauts personnages aux manœuvres; les secondes apportent des renseignements sur les constructions et les constructeurs de Persépolis. Ccette documentation a profondément transformé la vision de l'organisation impériale. Elle met en lumière le caractère tatillon, voire paperassier, de l'administration du Grand Roi.

Pour la plupart, les tablettes du Trésor enregistrent des paiements faits à des artisans ayant participé aux chantiers de Persépolis.

A Shakka, Baradkama dit : 3 karsha et 2 shekels d'argent, à un travailleur du bois égyptien, du nom de Haradkama, centurion, qui reçoit salaire à Parsa, [et pour lequel] Vahauka est responsable, donne-les lui. Moutons et vin en compensation de l'argent, à raison d'1 mouton pour 3 shekels et d'1 *marrish* de vin pour 1 shekel. Pour les mois de Varkazana, Açiyadiya, Anamaka, Samiamantash, Viyaxna – un total de 5 mois dans la 32e année [490-489]. Chaque homme doit recevoir 6.5 shekels d'argent par mois. Hipirukka a écrit [la tablette], il tient le reçu de Mardukka (PT n° 1).

Les tablettes de la série Q des Fortifications sont des pièces comptables écrites par les intendants gérant les stocks des magasins le long des routes royales. L'une d'elles, à titre d'exemple (parmi des centaines d'autres), fait référence à une mission officielle envoyée par le satrape de Sardes, Artaphernès, frère de Darius.

1.7 BAR de farine, Dadymanya a reçu. Chacun des 8 nobles a reçu 1.5 QA, et chacun des 5 esclaves a reçu 1 QA. Il portait un document scellé d'Artaphernès. Ils allaient vers le Roi. 9e mois (PF n° 1455).

Le fonctionnement du système est précisé par un papyrus araméen d'Egypte. Il s'agit d'un bon de route, délivré par le satrape d'Egypte, Arshama, alors en Babylonie, qui renvoie en Egypte son intendant Nehtihôr.

De la part d'Arshama, à Marduk, intendant de X…, Nabûdalanî, l'intendant de La'ir, Zatuvahya l'intendant d'Arzûhin, Upastabara l'intendant d'Arbèles, Halsu et Mat-al-Ubash, Bagafarna l'intendant de Sa'lam, Fradafarna et Gawzina les intendants de Damas. Et maintenant voici que le nommé Nehtihôr, mon intendant, va en Egypte. Vous, donnez-lui un approvisionnement sur mes domaines qui sont dans vos provinces : chaque jour, en farine blanche, deux poignées; en farine grise, trois poignées; en vin et en bière, deux chopines; et pour ses serviteurs, soit dix hommes, à chacun par jour : en farine, une poignée; en foin, selon son attelage. Donnez aussi un approvisionnement à deux Ciliciens [et] à un ouvrier, tous les trois mes serviteurs, qui vont avec lui en Egypte : par homme et [par] jour, en farine, une poignée. Donnez-leur cet approvisionnement d'intendant à intendant, suivant la route qui [va] de province en province, jusqu'à ce que [Nehtihôr] parvienne en Egypte. Et s'il est dans un endroit plus d'une journée, dans la suite de ces jours-là, ne leur donnez pas davantage d'approvisionnement. Bagasarû est responsable de cet ordre. Rashta scribe.

P. Grelot,
Documents araméens d'Egypte,
Paris, 1972, n° 67

Ces documents officiels fournissent un heureux commentaire à la description que donne Hérodote de la Voie royale Sardes-Suse.

Voici d'ailleurs ce que l'on peut dire de cette route : on y trouve partout des relais royaux et d'excellentes hôtelleries; elle ne passe que par des régions habitées et sûres. On franchit la Lydie et la Phrygie en 20 relais, soit 94.5 parasanges. Après la Phrygie, vient le fleuve Halys; des portes gardent le seul endroit où on puisse le franchir, ainsi qu'une puissante forteresse. De l'autre côté du fleuve, c'est la Cappadoce; jusqu'aux frontières de la Cilicie, on compte 28 relais, soit 104 parasanges; pour entrer en Cilicie, il faut franchir deux portes et passer devant deux forteresses. Après quoi la route traverse la Cilicie pendant 3 relais, soit 15.5 parasanges. Un fleuve qu'on passe en barque forme la frontière entre la Cilicie et l'Arménie : c'est l'Euphrate. En Arménie il y a 15 relais et hôtelleries, soit 56.5 parasanges, et une forteresse. Quatre fleuves qu'il faut passer en barque coulent dans le pays, et l'on est forcé de les franchir. [...] Après l'Arménie, on franchit le territoire des Matiènes, en 4 relais. Vient ensuite la Kissie, qui compte 11 relais, soit 42.5 parasanges, jusqu'au Choaspes, un fleuve que l'on passe également en bateau et sur lequel se trouve la ville de Suse. Cela fait au total 111 relais, avec autant d'hôtelleries à la disposition du voyageur qui monte de Sardes à Suse. [...] Avec des étapes journalières de 150 stades, le voyage dure exactement 90 jours.

Hérodote,
Histoires, V, 52-53

Les tablettes présentent aussi l'intérêt de citer des princes et princesses connues par d'autres sources; ainsi la femme de Mardonios.

7.5 BAR [env. 75 litres] de farine, livrés par Kapruha, pour 71 garçons/esclaves de la femme Abbamush et de la femme Irtashduna [Artystone, l'une des femmes de Darius]. Ils transportaient un Trésor depuis la Carmanie et allaient à Suse. Fait à Mishtukrash (PFa 14).
36 BAR de farine a reçu la femme de Mardonios, une fille du Roi. Chaque jour, 9 BAR : une ration à Kurdushum, une autre à Bessitmé et 2 rations à Liduma [étapes sur la route entre Suse et Persépolis]. Elle portait une autorisation scellée du Roi. 12e mois de la 23e année [printemps 498] (PFa 5).

La vie de la cour

Les reliefs de Persépolis ne présentent de la vie de cour qu'une image figée d'où les femmes sont absentes. Le luxe et l'apparat des fêtes et cérémonies qui scandaient la journée royale, la richesse inouïe des coupes d'or et d'argent, la variété des plats qui ornaient la table du roi ont fasciné les Grecs. D'où une foule de développements, à la fois précis et pittoresques, qui donnent vie et mouvement aux représentations officielles.

Une cour nomade

Tout au long de l'année, le Roi et la cour se déplacent de capitale en capitale. Un auteur ancien y voit le symbole éclatant du luxe du Grand Roi.

Les premiers hommes de l'Histoire à se rendre célèbres pour leur luxe *(tryphè)* furent les Perses, dont les Rois hivernaient à Suse et estivaient à Ecbatane. […] Ils passaient l'automne à Persépolis et à Babylone le reste de l'année. Les rois parthes, de la même manière, vivent au printemps à Rhagai [Médie] mais ils hivernent à Babylone et passent le reste du temps à Hékatompylos [Parthie].

Athénée,
Le Banquet des sophistes, XII, 513f

L'ordonnancement du cortège officiel est minutieusement réglé par un protocole immuable.

En Perse, un usage ancestral voulait qu'on ne se mît en marche qu'une fois le soleil levé. Dès que le jour brillait, de la tente royale la trompette sonnait le signal; placée au-dessus de la tente, à un point d'où tout le monde pouvait la voir, l'image du Soleil étincelait dans une châsse de cristal. Voici l'ordre de marche. Le Feu, qualifié chez eux de Sacré et Eternel, était porté en tête, sur des autels d'argent. Les Mages, auprès de lui, chantaient un hymne national. Derrière les Mages, venaient 365 jeunes gens, recouverts de manteaux de pourpre; leur nombre était celui des jours de l'année; car les Perses ont divisé l'année en autant de jours que nous. Puis un char consacré à Jupiter [Ahura-Mazda] était tiré par des chevaux blancs; les suivait un cheval d'une taille extraordinaire, appelé cheval du Soleil; des cravaches dorées et des vêtements blancs paraient les conducteurs des chevaux. Non loin, il y avait dix chars avec des ciselures en or et argent massifs. Suivait la cavalerie de douze nations, diverses d'armes et de mœurs. Immédiatement après, marchaient ceux que les Perses appellent les Immortels, environ 10 000 hommes. [...] A un faible intervalle, venaient ceux qu'on appelle Parents du Roi, soit 15 000 hommes. Mais cette cohue, parée presque comme des femmes, était remarquable par son luxe plus que par la beauté de ses armes. On nommait Porte-Lances la troupe qui les suivait immédiatement; on leur confiait ordinairement la garde-robe du Roi : ils précédaient le char d'où, pendant le trajet, le Roi en personne dominait tout. Sur ses deux flancs, le char était décoré d'images des dieux, hauts-reliefs d'or et d'argent; par places, des gemmes étincelantes paraient le joug d'où s'élevaient deux statues d'or, hautes d'une coudée, l'une représentant Ninos, l'autre Bêl. Entre elles, un objet sacré : l'aigle d'or qui semblait déployer ses ailes. [...] 10 000 lanciers suivaient le char royal; ils portaient des lances à ornements d'argent, des dards aux pointes d'or. A droite et à gauche, 200 de ses parents environ, de la plus haute noblesse, constituaient l'escorte du Roi. Fermaient la marche 30 000 fantassins. Puis, à un stade d'intervalle, un char transportait la mère de Darius, Sisygambis; son épouse était sur un autre. La foule des femmes qui accompagnaient les reines allaient à cheval. Puis, venaient quinze voitures appelées harmamaxes. Là étaient les enfants du Roi et leurs préceptrices, ainsi que le troupeau des eunuques qu'on ne méprise point en ces pays. Puis c'était le cortège des 360 concubines royales, elles aussi vêtues et parées en reines. Après elles, 600 mules et 300 chameaux transportaient le Trésor du Roi, accompagnés par un corps d'archers. Les femmes des parents et Amis du Roi venaient immédiatement après ce cortège, ainsi que les troupes de vivandiers et de domestiques. Pour clôturer la marche, il y avait enfin les troupes légères, chacune avec son chef.

Quinte-Curce, III, 3, 8-25

Lorsque le cortège royal était annoncé, les dirigeants des «bonnes villes» devaient venir accueillir le Roi avec des cadeaux somptueux.

Or, comme Alexandre se dirigeait sur Babylone, Mazaios [le satrape], qui s'était réfugié dans la ville après la bataille [de Gaugamèles], vient au devant de lui, tel un suppliant, avec ses enfants déjà grands; il livre la ville et lui-même. Sa venue fit plaisir au roi; car le siège d'une ville si fortifiée aurait été une grosse affaire. En outre, il semblait que l'exemple de cet homme de premier plan, entreprenant, et dont la dernière bataille avait augmenté la célébrité, inciterait tous les autres à se rendre aussi. D'où l'accueil bienveillant qu'il fait à Mazaios et à ses enfants; cependant, il forme les siens en carré, prend le commandement, et donne ordre d'avancer comme si on allait au combat. Beaucoup de Babyloniens s'étaient installés sur les murs, avides de connaître leur nouveau roi; mais, la majorité sortit à sa rencontre, entre autres Bagophanès, gardien de la citadelle et de la fortune royale; pour ne pas le céder en zèle à Mazaios, il avait jonché le chemin entier de fleurs et de couronnes; des deux côtés, étaient disposés des autels d'argent, où il avait accumulé, outre l'encens, des parfums variés. A la suite, venaient ses présents : troupeaux de bétail et de chevaux; l'on portait aussi, dans des cages, des lions et des panthères. Ensuite, des mages chantaient leurs chants habituels; après eux marchaient les Chaldéens, et, parmi les Babyloniens, les prêtres mais aussi les artistes avec la lyre de leur pays. Ceux-ci ont pour fonction de chanter les louanges des rois, et les Chaldéens de révéler les mouvements des astres et les révolutions périodiques des saisons. Les cavaliers babyloniens fermaient la marche; eux et leurs chevaux avaient des parures qui visaient plus à la somptuosité qu'à la grandeur. Alexandre, entouré d'hommes en armes, ordonna à la foule de marcher après les derniers rangs de son infanterie; lui-même, sur un char, entra dans la ville puis dans le palais.

Quinte-Curce, V, 1, 17-23

Puis peuples et cités devaient nourrir le Roi et sa suite.

Ceux des Grecs qui avaient à recevoir l'armée et à traiter Xerxès étaient réduits à une telle misère qu'ils abandonnaient leurs demeures, alors que, chez les Thasiens, après qu'ils eurent reçu l'armée de Xerxès et offert un repas au nom de leurs villes du continent, Antipatros, fils d'Orgeus, citoyen des plus distingués qu'on avait choisi à cet effet, démontra qu'il avait été dépensé pour le repas 400 talents d'argent. Et, il en fut de même dans les autres cités, d'après les comptes que produisirent les préposés à la réception. C'est que pour ce repas, repas commandé à l'avance et auquel on attachait un grand prix, voici ce qui se passait. Aussitôt informés par les hérauts qui portaient à la ronde l'annonce de l'arrivée de Xerxès, les citoyens, dans leurs villes respectives, se partageaient les grains, et tous, pendant des mois, s'occupaient à en faire de la farine, farine d'orge et farine de blé; on

Scène de banquet sur le monument de Néréides à Xanthos (Turquie).

engraissait le plus beau bétail qu'on trouvait à acheter, on nourrissait des oiseaux terrestres et aquatiques dans des basses-cours et sur des étangs, afin de recevoir l'armée; d'autre part, on fabriquait en or et en argent des gobelets, des cratères, et tous les autres objets que l'on met sur la table; ces objets n'étaient destinés qu'au Roi lui-même et à ses commensaux; pour le reste de l'armée, n'était imposé que le ravitaillement. Où que l'armée arrivât, une tente se trouvait dressée toute prête, dans laquelle Xerxès personnellement faisait étape, tandis que les troupes stationnaient en plein air. Quand venait l'heure du repas du soir, ceux qui recevaient avaient grand-peine, ceux qui étaient reçus se rassasiaient avant de passer la nuit sur place. Le lendemain, ils arrachaient la tente, s'emparaient de tout le matériel et s'en allaient sans rien laisser, emportant tout.

Hérodote, *Histoires*, VII, 118-120

Tout le monde était astreint à cette obligation, y compris les pauvres paysans.

C'est une loi chez les Perses et de toutes les lois celle qu'on observe le plus

exactement, que les habitants des lieux où le Roi passe dans ses déplacements, lui offrent des présents, chacun selon ses facultés. Les laboureurs, tous ceux qui travaillent la terre, ceux qui cultivent leur petit lopin, ne lui offrent rien de superbe, rien de précieux; ceux-ci donnent un bœuf, ceux-là une brebis, les uns du blé, les autres du vin. Lorsque le Roi passe, chacun expose sur sa route ce qu'il a eu soin d'apporter. Tout cela est appelé du nom de présent *(dôron)* et reçu du Roi sous ce nom. Les plus pauvres présentent du lait, du fromage, des dattes, des fruits de la saison, et les prémices des autres productions de leur contrée.

Elien,
Variae Historiae, I, 31

La table du Roi

La table du Roi est le symbole de la richesse et de la munificence du souverain. Un grand nombre de convives sont traités chaque jour.

Le Grand Roi, selon Ctésias et Dinon, a l'habitude de dîner en compagnie de 15 000 hommes, et 400 talents sont dépensés pour le dîner.

Athénée, *op. cit.*, IV, 146c

En témoigne le festin donné par Ashuérus (Xerxès).

La troisième année de son règne, il offrit un festin à tous ses chefs et dignitaires : à l'armée des Perses et des Mèdes, aux Grands Chefs préposés aux satrapies (convoqués) près de lui. Le déploiement du faste somptueux et de la splendide magnificence de la cour prit beaucoup de temps : 180 jours! A l'achèvement de cette période, le Roi offrit à tout le peuple qui se trouvait à Suse la citadelle, grands et petits, un festin de sept jours : dans l'enclos du jardin du palais royal. Des tentures blanches de coton ou de pourpre violette, attachées par des cordelettes de byssus et de pourpre à des anneaux d'argent! Et des colonnes de marbre! Des divans d'or et d'argent jonchaient un carrelage où alternaient porphyre et marbre blanc, nacre et marbre noir. Le service des boissons utilisait des coupes d'or de toutes formes : le vin royal coulait abondamment, par la munificence du Roi! Pour la boisson, il avait été décrété qu'il n'y aurait pas de contrainte. Car l'ordre donné par le Roi à tous les gens en charge dans sa Maison était d'accéder au désir de chacun.

Esther, I, 3-8

Le nombre de participants impose que l'administration livre chaque jour des quantités impressionnantes de victuailles. Un extrait du Stratagemata *de Polyen en fait foi.*

Farine de blé	
pure	400 artabes
2e catégorie	300 artabes
3e catégorie	300 artabes
Petit bétail (mâles)	400
[...] Gros bétail	100
Chevaux	30
Oies grasses	400
Pigeons	300
Petits oiseaux variés	600
Agneaux	300
Oies jeunes	100
Gazelles	30
Lait du jour	10 marrish
Lait aigre adouci	60 marrish
Ail	1 talent
Oignons	1 talent
[...] Vin	500 marrish

Polyen,
Stratagemata, IV, 32

1 marrish = env. 8,5 litres; 1 artabe = env. 26 litres; 1 mine = env. 0,5 kg; 1 talent (attique) = 60 mines = env. 30 kg.

Héracleidès (cité par Athénée) a transmis une description très précise de l'ordonnancement de la Table royale et de la distribution des aliments.

Tous ceux qui servent le Grand Roi lors de son dîner doivent d'abord prendre un bain et servir en vêtements blancs; ils passent presque la moitié de la journée en préparatifs. De ceux qui sont invités à dîner avec le Roi *(sundeipnoi)*, quelques-uns dînent en dehors, sous le regard de ceux qui désirent les voir; d'autres dînent à l'intérieur avec le Roi. Cependant, même ceux-ci ne dînent pas en sa présence, car il y a deux salles contiguës, l'une où le Roi prend son repas, l'autre où mangent les commensaux. Le Roi peut les voir à travers un rideau, mais eux-mêmes ne peuvent pas le voir. Quelquefois, cependant, à l'occasion d'une fête, tous dînent avec le Roi, dans la grande salle. Et, à chaque fois que le Roi organise un *symposion* (ce qu'il fait souvent), il a environ une douzaine de compagnons de boire *(sympotoi)* avec lui. Quand le dîner est terminé, c'est-à-dire en fait quand le Roi a fini, parmi les commensaux, ses compagnons de boire sont convoqués par un eunuque; et, entrant dans la salle, ils boivent avec le Roi, mais ils ne boivent pas le même vin; de plus, ils s'asseyent sur le sol, tandis que le Roi est couché sur un lit supporté par des pieds en or; et ils s'en vont après avoir beaucoup bu. Dans la plupart des cas, le Roi prend son déjeuner seul, mais parfois sa femme et certains de ses fils mangent avec lui. [...]

Le «dîner du Roi», comme on l'appelle, peut apparaître dispendieux à ceux qui en entendent parler, mais, quand on examine les choses avec soin, on s'apercevra qu'il est organisé avec économie et même avec parcimonie. Et la même observation vaut pour les dîners des autres Perses de distinction. Un millier d'animaux sont tués chaque jour pour le Roi; on y trouve des chevaux, des chameaux, des bœufs, des ânes, des daims, et la plupart des têtes de petit bétail; beaucoup d'oiseaux sont également consommés, y compris des autruches d'Arabie – un grand animal! – des oies et des coqs.

Et, de tout cela, seules des portions modestes sont servies à chacun des commensaux royaux, et chacun d'entre eux peut remporter chez lui ce qu'il laisse intact lors du dîner. Mais, la plus grande part de ces viandes et autres plats sont portés en dehors dans la cour pour les gardes du corps et les troupes légères entretenus par le Roi; là ils divisent entre eux les restes à moitié mangés de viande et de pain et les divise entre eux en portions égales. De même que les mercenaires en Grèce reçoivent leur salaire en argent, de même ces hommes reçoivent la nourriture du Roi en récompense de leurs services. De même chez les Perses de haut rang, toute la nourriture est servie sur la Table en une seule et même fois. Mais, quand leurs commensaux ont terminé leur repas, tout ce qui reste sur la Table, essentiellement des viandes et du pain, est donné par l'officier en charge de la Table à chacun des gens de la Maison : ceux-ci le prennent et reçoivent ainsi leur alimentation journalière. C'est la raison pour laquelle les plus honorés des commensaux du Roi vont à la Cour uniquement pour le déjeuner, afin de ne pas y aller deux fois et ainsi être en mesure de recevoir leurs propres commensaux.

Athénée,
op. cit., IV, 145a-f - 146a

Le titre de commensal vaut à son titulaire de faire partie des personnages les plus honorés, mais aussi de recevoir des dons splendides du Roi.

Pour honorer Entimos le Crétois, Artaxerxès lui fit cadeau d'une tente remarquable en beauté comme en grandeur et d'un lit à pieds d'argent, mais lui envoya en outre des couvertures précieuses, et avec elles, l'homme chargé de les étendre, disant que les Grecs ne savaient pas étendre les literies. En outre, au déjeuner des parents du Roi, assistait cet Entimos en tant que commensal, lui qui avait su gagner l'esprit du Roi : faveur que ne reçut aucun Grec auparavant, ni d'ailleurs depuis. C'était en effet une distinction réservée aux parents du Roi. Car Timagoras l'Athénien, qui vint faire la proskynèse devant le Grand Roi, quoique honoré au maximum par lui, n'eut pas cela; mais le Roi, de ce qu'on lui servait, lui envoyait quelque chose de sa Table. [...] Il lui envoya aussi un lit à pieds d'argent, une couverture à fleurs, une tente à ciel constellé, un fauteuil d'argent, un parasol bordé de pierres précieuses, cent grandes phiales d'or incrustées de pierres précieuses ainsi que de grands cratères d'or en argent, mais aussi 100 servantes et 100 esclaves, et 6 000 pièces d'argent, en dehors de ce qui lui était donné chaque jour pour son approvisionnement.

Athénée,
op. cit., II, 48d-f - 49a

La pratique royale est ainsi théorisée par Xénophon dans la Cyropédie.

En guise de bienfait d'homme à homme, Cyrus comprit tout de suite qu'il n'en est pas de plus gracieux, moyennant même dépense, qu'un partage de mets et de boissons. Appliquant le principe, il disposa d'abord que serait toujours présenté, sur sa table, un menu analogue au sien, suffisant pour un grand nombre de personnes; et, de tous les plats présentés, sauf les siens et ceux de ses commensaux, il les distribuait à ceux de ses Amis pour lesquels il entendait que fût signalée son attention ou sa bonne amitié. [...] Et s'il voulait qu'un de ses Amis reçût mille prévenances, à lui aussi il envoyait des plats de sa table. [...] Souvent, on le voyait envoyer lui-même à tel ou tel de ses Amis absents les mets qu'il se trouvait aimer.

Xénophon,
Cyropédie, VIII, 2, 2-4; 4.6

Marathonomaques et marathonomanie à Athènes

Anciens combattants de Marathon et orateurs exaltent et déforment le souvenir de la première victoire contre les Perses.

La bataille de Marathon (reconstitution moderne).

Dans la multitude des hauts faits du catalogue, Marathon a droit à une place spéciale, en tant qu'épisode des Guerres Médiques et surtout en tant que victoire purement athénienne. [...] Marathon occupe une place de choix, et, parce que les Athéniens y voient la plus grande victoire qu'ils aient jamais remportée, cette bataille est devenue dès le Ve siècle un symbole : *topos* obligé de l'histoire nationale, Marathon fournit un morceau de bravoure à l'orateur en quête de grandiloquence et d'inépuisables leçons de vertu pour des générations de jeunes athéniens. Des discours du Ve siècle et de l'*archaia paideia*, il reste peu de choses, mais, dans l'œuvre d'Hérodote ou d'Aristophane, on peut encore en discerner l'écho, malgré l'élaboration littéraire propre à la narration historique

ou à l'utopie passéiste; l'historien témoigne indirectement des harangues qu'il entendit à Athènes, tandis que l'auteur comique donne de précieuses indications sur le contenu essentiellement patriotique d'un enseignement dont il redoute l'inéluctable dépérissement; l'éloge d'Athènes et le programme éducatif s'accordent pour se réclamer de Marathon. Le rapport aux Marathonomaques ne va pas certes sans ambiguïté : dans le même temps qu'il défend l'ancienne éducation contre les railleries des sophistes, Aristophane ridiculise les grands mots des orateurs, mais ce sont là vicissitudes nécessaires d'un thème trop souvent évoqué. Les orateurs du IVe siècle n'auront garde, eux non plus, d'omettre un exploit dont bien des politiques peuvent se réclamer : ainsi, pour Isocrate, Marathon symbolise la supériorité de la constitution des ancêtres sur la démocratie de son temps, tandis que Démosthène utilise cette victoire contre Philippe et que les partisans du panhellénisme y voient une raison d'espérer la réussite d'une expédition grecque en Asie. [...] Pour présenter de Marathon l'image idéale que son public attend de lui, l'orateur procède à de nombreux gauchissements. Ce faisant, il s'insère dans une longue tradition pour laquelle raconter la bataille de Marathon, c'est la transformer, tant le récit en est, semble-t-il, surdéterminé.

N. Loraux,
L'Invention d'Athènes,
Paris-La Haye, 1981

Un lieu commun tenace : la «décadence perse»

Bien des reconstructions grecques de l'histoire perse sont fantaisistes et/ou marquées par les débats politiques qui se déroulent à l'intérieur de la cité. On en trouve une belle illustration dans la vue cavalière que présente Platon de l'évolution de la Perse depuis Cyrus le Grand jusqu'au IVe siècle.

C'est un fait que les Perses, quand sous Cyrus ils tenaient le juste milieu entre servitude et liberté, commencèrent par être libres, pour devenir ensuite les maîtres d'un grand nombre de peuples. […] Et s'il y avait parmi eux un qui fût intelligent et capable de donner de bons avis, le roi, étant exempt à son égard de toute jalousie, donnant au contraire une entière liberté de parole et des distinctions honorifiques à quiconque était capable de le conseiller, lui offrait de mettre en lumière, dans l'intérêt de tout le monde, ses capacités intellectuelles. Par la suite, tout progressait en ce temps chez eux, grâce à la liberté, à l'amitié, à la collaboration. […] Mais, alors, comment se fait-il que, sous Cambyse, elles se soient complètement gâtées, et que, sous Darius, elles aient de nouveau presque retrouvé le salut? [….] Durant toute sa vie et depuis son jeune âge, Cyrus fut, semble-t-il, toujours en campagne, confiant aux femmes le soin d'élever ses enfants. […] [Ce fut une] éducation de femmes, de femmes appartenant au sérail du roi et de fraîche date parvenues à la fortune, qui ainsi élevaient les enfants en dehors de toute direction masculine, parce que les hommes n'avaient pas le loisir pour cela. […] Quoi qu'il en soit, à la mort de Cyrus, les enfants qui recueillirent son héritage, tout pleins comme ils étaient d'une mollesse dénuée de tout correctif, commencèrent par un meurtre : celui d'un des deux frères par l'autre, irrité d'avoir un égal. […] Puis, après Darius, vint Xerxès, dont une fois de plus l'éducation avait été celle du Palais, toute de mollesse […] et l'on peut dire qu'à partir de cette époque, il n'y a eu chez les Perses aucun roi qui ait véritablement mérité d'être appelé Grand Roi.

Platon, *Lois*, 693 sq

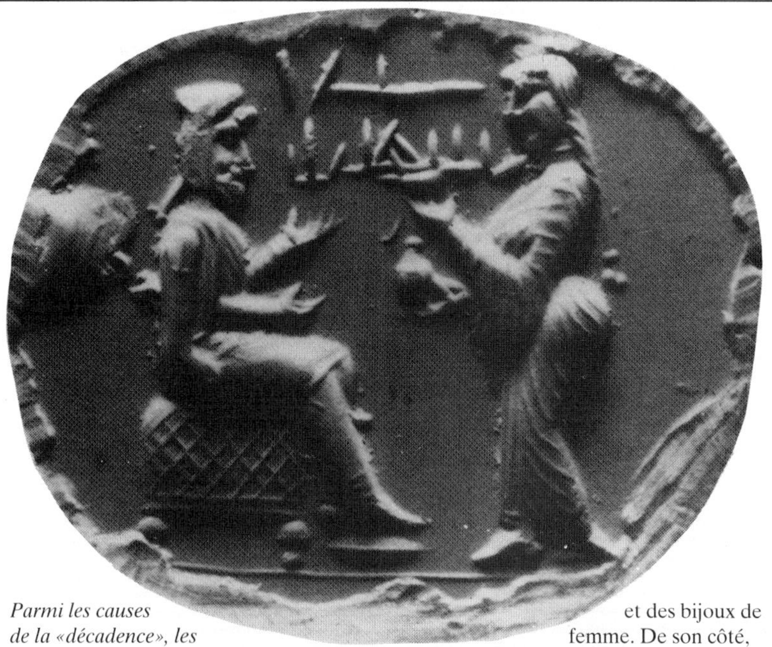

Parmi les causes de la «décadence», les auteurs grecs mettent surtout en exergue le luxe corrupteur des palais et l'influence désastreuse des femmes de la maison royale.

Il semble bien en effet qu'à leurs yeux, la féminisation des palais soit un trait caractéristique des sociétés orientales. Témoin par exemple Ninyas, qui vivait uniquement avec ses femmes et ses eunuques : «Il n'ambitionnait que les plaisirs, l'oisiveté et une vie exempte de souffrances et de soucis; il ne faisait consister le bonheur de régner que dans la jouissance incessante des voluptés de la vie» (Diodore). De son côté, Sardanapale vivait comme une femme, habillé et maquillé comme une femme. Selon Ctésias, il en était de même d'Annaros, représentant du Grand Roi en Babylonie, qui portait des vêtements et des bijoux de femme. De son côté, Mnaséas faisait une description à peu près semblable d'Andrakottos le Phrygien. Il en était de même des Lydiens qui – l'âme efféminée – ne tardèrent pas à adopter la manière de vivre des femmes. C'est ce que voulut faire comprendre Agésilas à ses soldats, en donnant ordre de dénuder des Perses faits récemment prisonniers et de les transporter ainsi au marché aux esclaves : «Les soldats, qui leur voyaient la peau blanche parce qu'ils ne se déshabillaient jamais, le corps mou et flasque parce qu'ils allaient toujours en char, pensèrent que cette guerre serait comme s'il fallait se battre contre des femmes» (Plutarque).

P. Briant,
«Histoire et idéologie.
Les Grecs et la "décadence perse"»,
in *Mélanges P. Lévêque*, II,
Paris, 1989

La formation d'un mythe

Aristote a également joué un rôle important dans la constitution, dans l'Europe moderne, du mythe du «despotisme asiatique».

Aristote cite les royautés de certains barbares : «Elles ont toutes à peu près les mêmes pouvoirs que les tyrannies, mais elles sont à la fois fondées sur la loi et héréditaires : les barbares étant par leur caractère naturellement plus serviles que les Hellènes, et les peuples d'Asie plus serviles que ceux d'Europe, ils supportent le pouvoir despotique sans aucune gêne.» Il se trouve donc des pays où, *par nature*, les hommes sont esclaves. […] C'est aux barbares *asiatiques* avant tout que pense Aristote, comme le confirme le Livre VII où, examinant l'influence des climats sur les différences politiques, il oppose les peuples du nord de l'Europe et ceux de l'Asie. […]

Voici donc un lieu : l'Asie, où tout le pouvoir politique semble se réduire à un semblant qui masque à peine un despotisme voulu par la nature. Despotisme *au sens propre*, et non plus par analogie, comme si les peuples asiatiques, incapables d'accéder à un régime *politique*, devaient en rester éternellement à des rapports domestiques. Alors leur seul destin, conforme en cela à la finalité naturelle, est de se livrer au maître grec, au service de qui ils trouveront leur intérêt, même si ce n'est qu'«accidentellement». On aura reconnu, dans cette Asie d'Aristote, celle que réinventera l'Europe de l'âge classique et des débuts de la colonisation.

A. Grosrichard,
Structure du sérail.
La fiction du despotisme asiatique dans l'Occident classique,
Le Seuil, Paris, 1979

Avant lui, Eschyle avait dressé un portrait désastreux de Xerxès en opposition avec son père Darius.

Le Chœur : Oui, l'heure est venue où l'Asie entière gémit de se sentir vidée. Xerxès les a emmenés, hélas! Xerxès les a perdus, hélas! Xerxès a tout conduit follement, hélas! Xerxès et ses galiotes marines! Ah! pourquoi Darius fut-il, lui, un roi si clément aux siens, Darius, l'archer, le chef aimé de Susiane? Fantassins et marins, tel un grand vol d'oiseaux vêtus de sombre azur, les nefs les ont emmenés, hélas! les nefs les ont perdus, hélas! les nefs aux abordages de désastre! les nefs et les bras des Ioniens! C'est à peine si mon roi a pu seul s'enfuir, à ce que j'entends, par les plaines de Thrace et par de cruels chemins.

Les autres, victimes, hélas! d'un sort qui les a les premiers frappés, tournoient autour des caps que protège Kykhreus, hélas! Ah! gémis, déchire-toi le cœur! A pleine voix, crie tes souffrances jusqu'aux cieux! hélas! tends, dans un appel de douleur hurlante, ta voix misérable!…

Et de longtemps, sur la terre d'Asie, on n'obéira plus à la loi des Perses; on ne paiera plus le tribut sous la contrainte impériale; on ne tombera plus à genoux pour recevoir les commandements : la force du Grand Roi n'est plus! Les langues même ne sentiront plus de bâillon. Un peuple est délié et parle librement, sitôt qu'est détaché le joug de la force. Dans son terreau sanglant, l'île d'Ajax que bat le flot retient au tombeau la puissance perse!

M'entend-il, le roi défunt [Darius], égal aux dieux? M'entend-il lancer en langue barbare, claire à son oreille, ces appels gémissants, lugubres, où se mêlent tous les accents de la plainte?

Représentation des *Perses*, d'Eschyle.

Je clamerai haut mes souffrances infinies : du fond de l'ombre m'entend-il? Allons, terre, et vous, princes du monde infernal, laissez sortir de vos demeures l'être divin et suprême, le dieu, fils de Suse, qu'adorent les Perses. Guidez vers la lumière celui dont jamais la terre de Perse n'a recouvert l'égal. Cher nous est le héros, chère nous est cette tombe, chère nous est l'âme qu'elle enferme. Aidôneus, fais remonter au jour, ô Aidôneus, le roi sans pareil, Darius. Ce n'est pas lui qui perdait ses soldats dans des débâcles meurtrières! Les Perses l'appelaient l'inspiré des dieux, et c'est en inspiré des dieux qu'il dirigeait la barque de son peuple.

Eschyle,
Les Perses, 549-596

Joies et déceptions sur le chantier de Suse

En 1884, l'ingénieur français Marcel Dieulafoy et sa femme Jane, qui fouillent la ville de Suse dont le site a été identifié par l'Anglais W. K. Loftus, découvrent plusieurs salles, ainsi que des débris de briques émaillées (frise des Lions et des Immortels). A la fin du siècle, Jacques de Morgan entreprend des fouilles systématiques, qui seront poursuivies de façon plus méthodique par la Délégation archéologique française en Iran.

Marcel et Jane Dieulafoy.

«La base, le fût, le chapiteau atteignaient vingt-deux mètres de hauteur»

Dans son journal de fouilles, témoignage vivant sur les travaux des premiers chercheurs, Jane Dieulafoy relate la mise au jour des chapiteaux du palais de Darius.

Les fouilles A du palais se continuent dans de meilleures conditions. Les membres de taureaux accouplés, appartenant aux chapiteaux bicéphales, ont été trouvés et amenés sur le sol à l'aide de crics. De longtemps je n'oublierai la mine ahurie des Dizfoulis devant ces engins. Nos hommes en étaient arrivés à perdre la notion des poids; sans de minutieuses précautions et une continuelle surveillance, ils se seraient fait broyer. Les fragments sont assez nombreux pour que l'on puisse, par la pensée, reconstituer l'animal gigantesque qui couronnâit les colonnes. Voici le ventre couvert de poils frisés, les lourds genoux de la bête; un collier, orné de marguerites et d'une fleur de lotus en guise de pendeloque, entoure le cou. La base, le fût, le chapiteau atteignaient vingt-deux mètres de hauteur.

A côté d'une base gît la tête du monstre. Elle rappelle celles qui terminaient les chapiteaux dont on a retrouvé l'image sur la façade rupestre des hypogées achéménides. L'extrémité du museau, ainsi que les cornes, les oreilles, signalées par de profondes mortaises, manquent encore.

Ces sculptures, exécutées dans un calcaire noir au grain très fin, éveillent l'idée d'un art décoratif puissant et d'une technique avancée. Des tailles heureusement diversifiées mettent en relief certains muscles, estompent les autres et donnent au marbre des tons dont les différences, inappréciables dans l'ensemble, enlèvent à la masse des colosses toute monotonie.

Le hasard est-il une seconde Providence? Ces monstres de dure matière se sont brisés en mille pièces lorsque les palais s'écrasèrent dans la poussière, et, sous leurs débris, tombés presque du ciel, apparaissent des poteries intactes.

La découverte des taureaux ravit et inquiète à la fois mon mari. Un mètre cube de marbre pèse près de trois tonnes; les chameaux du pays ne sauraient porter une charge supérieure à deux cents kilogrammes; les indigènes ne connaissent pas la charrette, même de nom; le Chaour, sur lequel on pourrait peut-être aventurer des embarcations, est coupé de barrages. En supposant même qu'on brisât ces obstacles, où se procurer des canots? Comment se comporterait un *kelek* [radeau persan] lorsqu'il serait chargé de caisses très lourdes et lancé sur un cours d'eau étroit, sinueux, bordé d'une végétation arborescente? Comment franchirait-il les rapides de l'Ab-Dizfoul? Jamais problème plus difficile à résoudre ne fut proposé à des gens plus mal outillés. La crainte de ne pouvoir enlever cette année les objets de grand poids empêche Marcel de rejeter sur le déblaiement de l'apadana les Arabes venus en grand nombre mettre à notre service leurs bras et leurs pelles et les terrassiers qui abandonnent la tranchée C à mesure qu'ils atteignent le carrelage.

«Le tableau représente des archers vus de profil, en marche»

L'un des grands moments fut la découverte de briques émaillées, bientôt reconstituées comme un véritable puzzle. Sous les yeux émerveillés de Jane et Marcel Dieulafoy resurgissent les couleurs intactes d'une frise d'archers, immédiatement identifiés comme les Immortels décrits par les auteurs anciens.

Tous les soirs, le magasin recevait de trente à quarante dalles blanches, compactes, solides, dont la tranche est couverte d'émaux merveilleux. D'abord apparurent trois briques qui, superposées, donnaient le dessin d'une longue manche; plus tard des pieds noirs chaussés de brodequins jaunes, des jambes et des mains noires.

Aidé du sujet et de la découpe des joints, Marcel a reconstitué des fragments de personnages; puis, réunissant ces fragments, il est arrivé à remonter deux guerriers de grandeur naturelle. Par malheur, deux assises, l'une au milieu de la poitrine, l'autre à la hauteur du visage, font encore défaut.

Le tableau représente des archers vus de profil, en marche, la javeline à la main, l'arc et le carquois sur l'épaule. Les uniformes, de couleurs différentes, sont taillés sur le même modèle : jupe fendue de côté, chemise courte, serrée à la taille par une ceinture, veste fermée sur la poitrine. Les manches de ce dernier vêtement, ouvertes du poignet au coude, laissent passer les plis nombreux de la chemise. Un riche galon court autour des étoffes. La tête est couronnée d'une torsade verte rappelant la corde de chameau qui ceint encore le front des Arabes. Oreilles, poignets, sont chargés de boucles et de bracelets d'or; des chaussures, d'un beau jaune, se boutonnent sur le cou-de-pied. Les étoffes des uniformes sont d'une étonnante richesse. Le premier de nos guerriers porte, sur la chemise pourpre foncé, une veste et une robe jaunes, brodées de marguerites bleues et vertes; le second est vêtu d'une étoffe blanche semée d'écussons noirs sur lesquels se détache la citadelle de Suse. Des pièces isolées donnent les échantillons de robes blanches semées de fleurs ou d'étoiles, des chaussures bleues et des manches jaune uni.

Seul le type du personnage ne varie pas : la peau est noire; la barbe, à reflets bleutés, encadre de ses boucles des lèvres minces, lisérées de carmin; les cheveux sont ondulés.

Quel admirable modèle! Quel noble et large dessin! Quelle technique surprenante de simplicité et de puissance! Le développement de la tête, des épaules et du thorax, le dessin des pieds, la jupe qui se drape sur la jambe, les grands tuyaux des manches, rappellent à mon souvenir l'art éginétique. Quand les sculpteurs grecs s'avisèrent de détacher les plis des draperies, ils agirent et procédèrent, semble-t-il, comme les modeleurs perses. Cette analogie n'est pas fortuite, étant donné que l'art de Persépolis et celui de Suse sont nés au lendemain de l'entrée des armées iraniennes en Ionie et en Hellade; mais elle est des plus instructives, car les formules empruntées à l'étranger par les Achéménides se figèrent dans des moules hiératiques le jour où elles furent acquises à l'art national.

Hérodote en main, nous avons suivi la nomenclature des troupes qui passèrent l'Hellespont sous les yeux de Xerxès, et, cette lecture faite, trois détails du costume de nos guerriers nous ont frappés : la couronne, les bijoux d'or et, surtout, la grenade d'argent qui termine la javeline.

C'étaient, au dire de l'auteur grec, les trois insignes distinctifs des dix mille Immortels, gardes des Grands Rois. On les qualifiait d'Immortels parce qu'ils n'étaient jamais plus, jamais moins de dix mille, et qu'un Immortel disparu était sur le champ remplacé par un autre Immortel.

Les Quarante n'ont pas trouvé mieux.

Déjà nous avions fait connaissance avec ces guerriers célèbres, à Persépolis et au tombeau de Darius. Mais là-bas leur couronne était métallique et de forme droite.

Des différences plus importantes que cette légère modification de la coiffure devaient cependant exister entre les archers de Suse et ceux de Persépolis. Ceux-ci étaient aryens et de race blanche; ceux-là sont noirs, comme les archers que Memnon, fils de l'Aurore, amena au secours de Priam.

Les intéressantes études anthropologiques de M. Houssay sur les squelettes découverts dans les urnes funéraires et les mensurations des habitants actuels de la Susiane concluent à l'existence d'une ancienne race négrito en Elam. Nos Immortels appartiendraient au contingent susien des gardes royaux. […]

Quoi qu'il en soit de leur race, nos Immortels apparaissent beaux de lignes, beaux de formes, beaux de couleur, et constituent une œuvre céramique infiniment supérieure aux bas-reliefs si justement célèbres de Lucca della Robbia.

Et cependant les matériaux mis à la disposition de l'artiste sont des plus vulgaires : comme support, une faïence grossière, moulée dans de bons creux et sans doute retouchée à l'ébauchoir; comme palette, le bleu turquoise, le manganèse, le jaune, le blanc et une pointe de pourpre. […]

Il me semblait, quand les pièces émaillées sortaient de terre, encore humides de la fraîcheur du sol, assister à la résurrection de saphirs et de turquoises ensevelis dans les rayons d'or du soleil susien. Le bas-relief pare notre pauvre logis et l'éclaire comme un astre radieux.

Nous ne sommes au bout ni de nos

joies ni de nos fatigues. La mine est loin d'être tarie : «C'est un magasin», disent les ouvriers; mais divers sondages indiquent que le filon de pierres précieuses va toujours s'approfondissant sous une couche de terre plus épaisse.

Il faut déblayer largement les stratifications supérieures, afin d'atteindre sans danger les émaux.

Jane Dieulafoy,
En mission chez lzs Immortels,
Phébus 1990

La dernière des grandes découvertes : la statue de Darius

En 1972, pour la première fois, on put contempler un exemplaire de la statuaire monumentale achéménide, à laquelle tant de textes anciens faisaient référence. Miracle : les inscriptions qui y étaient portées permirent de découvrir le Grand Roi Darius lui-même en pied.

Nos travaux commencèrent le 23 décembre 1972, avec pour objectif l'étude des vestiges islamiques et leur fouille méthodique. Le nettoyage des structures déjà mises au jour par R. Ghirhsman fit apparaître, au sud du mur de briques cuites 703 et partiellement engagée sous celui-ci, une pierre grise anguleuse. Le lendemain 24 décembre, le dégagement de cette pierre révéla une main fermée et le haut d'un avant-bras. Nous étions en présence d'un morceau de statue de grande dimension, dans une fosse remplie de débris (cailloux, tessons etc.), que nous entreprîmes de vider partiellement. Lorsque le dégagement de la face antérieure de la statue eut atteint le niveau de la cassure inférieure, il fut décidé, en accord avec MM. Perrot et Hedayati, d'entreprendre dans ce secteur une recherche systématique. [...] La statue encore haute de 2,36 mètres, et

L'épigraphiste François Vallat copiant les inscriptions gravées sur la statue de Darius .

dont la hauteur totale pouvait être de trois mètres, reposait, par l'intermédiaire d'une feuille de plomb, sur deux grosses pierres taillées, posées elles-mêmes sur un radier de galets; la fosse du radier mesure 1,50 X 1,10 mètres. La statue est légèrement basculée en arrière; ce mouvement résulte d'un affaissement du terrain qui a entraîné dans ce secteur une rupture des sols.

M. Kervran,
Journal asiatique 260, 1972

De Cyrus le Grand à Reza Shah Pahlavi

En octobre 1971, Reza Pahlavi organisa des fêtes grandioses destinées à commémorer ce qui était présenté comme le 2 500e anniversaire de la création de l'Empire par Cyrus le Grand. A cette occasion, publicistes, politiciens, journalistes et historiens rivalisèrent de courtisanerie.

L'un d'entre eux, platement admiratif, décrit la cérémonie qui se déroula alors à Pasargades.

Lorsque, faisant face au tombeau de Cyrus qu'encadrait une garde d'honneur, le Châhinchâh Aryamehr, «Soleil des Aryens», debout sous le pavillon impérial, s'adressa d'une voix forte à son illustre prédécesseur, lui jurant de conserver intact son héritage et terminant par cette apostrophe : «Cyrus, Grand Roi, Roi des Rois, Fils Immortel de l'Histoire, dors en paix, car nous veillons et nous continuerons de veiller!», le souverain de 1971 avait retrouvé tout naturellement le style tout à la fois solennel et simple dont usaient les chancelleries de Darius et de Xerxès et que les falaises gravées de Naqsh-e Rostam ou de Bisotun, les inscriptions de Persépolis ou de Suse nous ont rendu familier.
[Puis, il décrit la parade de Persépolis.]
Fermant la marche, un détachement des différentes sections de l'armée moderne, armée au sens classique, mais aussi

l'Armée du Savoir et la Légion des Serviteurs de l'Humanité, issues de la Déclaration de 1963. Celle-ci, dans le but de créer, selon les termes du firman impérial, «l'infrastructure d'un nouvel Iran reposant sur une société libre, démocratique, progressiste et tranquille», a pris une série de mesures audacieuses : réforme agraire supprimant le régime du servage, participation des ouvriers aux bénéfices des entreprises, lutte contre l'analphabétisme; elle a aussi accordé tous les droits civiques aux femmes, qui, depuis lors, prennent leur part dans le service civil. En voyant l'allure martiale des compagnies féminines qui défilaient impeccablement, les sentinelles achéménides, de garde sur les murailles de Persépolis, ont dû se dire que quelque chose était changé dans l'empire de Cyrus.

M. Leroy, «Eternel Iran»,
in *Le Flambeau*, 1971,
repris dans *Acta Iranica. Hommage universel. Commémoration Cyrus*,
tome I, Leiden, 1974

De son côté, dans une revue destinée à des spécialistes, l'ambassadeur d'Iran à La Haye met en lumière les liens qui unissent le passé et le présent, l'un et l'autre revisités par la propagande impériale.

Tous ceux qui ont étudié l'histoire connaissent le mot «PERSE», et ont en mémoire le nom des Rois tels que Cyrus et Darius, fondateurs de l'Empire iranien. La Charte de liberté que Cyrus a fait rédiger après la conquête de Babylone en l'an 550 avant J.-C. [*sic*!] peut être considérée comme la première Constitution des Droits de l'Homme. Ce chef-d'œuvre d'humanisme, bien connu dans le monde entier, explique pleinement le comportement humain de ce grand Roi envers les peuples vaincus et à l'égard des prisonniers de guerre ainsi que des minorités religieuses.
Les principes et les règles que Darius le Grand a édifiées pour la gestion des affaires de l'Etat et pour mener les armées à la victoire sont encore en honneur dans les institutions civiles et les académies militaires.
[Implicitement (ou inconsciemment?), l'auteur rapproche la situation de Darius en 522 face à Gaumata et celle de Reza Pahlavi face aux maux qui assaillaient l'Iran à son avènement.]
C'est précisément à ce moment-là qu'un homme loyal et énergique s'éleva contre une telle situation et avec une force et un génie extraordinaires s'efforça de sauvegarder l'indépendance du pays et de ressusciter la grandeur de la nation. Ce grand homme, au cours de vingt années de pouvoir, a conduit l'Iran à un haut niveau de progrès et de prospérité, et, de ce fait, son nom s'est inscrit dans la glorieuse histoire de l'Iran et a suscité l'admiration du monde entier. [...]
L'inspirateur et l'auteur de cette révolution sociale est :

SA MAJESTÉ IMPÉRIALE MOHAMMAD REZA PAHLAVI ARYAMEHR SHAHINSHAH DE L'IRAN.

Le peuple iranien en entier et d'un seul élan exécute les vœux du Souverain avec une foi inébranlable.

E.Riahi,
«L'Edification d'une société nouvelle sur le fondement d'une culture ancienne»,
Persica n° 5, 1970-1971

Dans ses mémoires, rédigés après sa chute, Reza Pahlavi veut tirer de l'Histoire ancienne des leçons sur la grandeur de l'Iran et dresse un portrait canonique de Cyrus et de ses successeurs.

C'est d'abord sous l'impulsion de deux groupes de populations indo-européennes, les Mèdes et les Perses, qu'au bout de deux mille ans nous émergeons en vainqueurs d'entre les peuples qui se disputent la Mésopotamie. La dynastie achéménide (559 à 330 avant l'ère chrétienne) crée l'empire le plus vaste qu'on eût encore connu : de la mer Noire à l'Asie Centrale et de l'Inde à la Libye.

C'est aussi le premier véritable empire du monde, un seul chef y gouvernant de nombreux peuples différents. Pour que cette innovation fût et restât possible, les Perses durent inventer le satrape, c'est-à-dire le gouverneur provincial, la poste à relais, et même le télégraphe optique : des tours-sémaphores, édifiées sur les sommets montagneux, permettaient de transmettre rapidement les messages d'un bout à l'autre de l'Empire. Ils durent aussi imaginer des systèmes monétaires et de comptabilité publique, unifier les poids et les mesures. Ainsi, la Perse prouva au monde antique la possibilité de gouverner et d'administrer un vaste empire. Rome ne fit que l'imiter avec des moyens souvent copiés sur les siens.

Le fondateur de cet empire, Cyrus, mérite d'être appelé le Grand parce qu'il le fonda sur la tolérance et la justice. S'il fut un conquérant, il doit être considéré en quelque sorte comme le fondateur des droits de l'homme. Le premier dans le monde antique, Cyrus publia une charte qu'on peut qualifier de libérale : elle élargissait les prisonniers de guerre et leur laissait leur terre; les nations sujettes gardaient leurs droits; leurs coutumes, leurs lois et leur religion étaient respectées par le pouvoir central. Cyrus non seulement pardonnait à ses ennemis valeureux, mais n'hésitait pas à leur confier ensuite d'importantes responsabilités. A ces titres, il peut être considéré comme le libérateur des peuples.

Cette politique obéissait au caractère persan. Elle fut celle de tous les souverains auxquels la paix laissa la faculté d'instaurer un ordre moral à leur image : la Perse fut connue comme une terre d'asile pour tous les persécutés. Cyrus le Grand, Darius, Xerxès sont nos rois-héros : ils continuent leur marche dans les œuvres de la littérature et des beaux-arts. Cependant, les Européens ont surtout appris que Darius fut battu à Marathon et Xerxès défait sur mer à Salamine (480). Ces émouvantes victoires du petit contre le grand font parfois oublier que la Perse devint maîtresse de la mer Egée (394).

Mohamed Reza Pahlavi,
Réponses à l'Histoire,
Paris, 1979

S'adressant à la jeunesse iranienne, un haut dignitaire du régime, exilé comme Reza Pahlavi, exalte lui aussi l'humanité des Grands Rois. Il puise des raisons d'espérer dans la lecture de l'inscription de Behistoun (mais en réalité il la confond avec l'une des inscriptions de Naqsh-i Rustam!).

Iranien, tu es le fondateur de la culture universelle. Depuis l'aube de l'Histoire, ton pays est la terre natale des sages et des héros illustres. Tes ancêtres, qui ont fondé leur vie sur la sagesse, la justice, la gloire et la joie, ont autrefois maîtrisé et dominé le monde. Leur pensée, empreinte de justice et d'humanité, a rayonné d'un bout à l'autre de la terre. C'est dans ton pays que Darius le Grand a fait graver à Bissotun cette inscription : «La lance du Persan s'est envolée dans le lointain, et le Persan, loin de son pays, a combattu son adversaire.» Voilà une preuve supplémentaire attestant que les

hommes vaillants et braves de ce pays ont porté le fer du Persan au loin, afin d'affranchir les pauvres et les esclaves, et châtier les tyrans et les pharaons. Oui, la lance du Persan s'est envolée au loin pour répandre en tout lieu l'humanité, la justice et la culture, ainsi qu'un humanisme éclairé. Dans cette contrée divine dont la splendeur éblouissante illuminait les cœurs, vivaient des hommes sages, valeureux et chevaleresques *(azadeh)* qui enseignaient aux autres la tradition de l'humain.

Général Bahram Aryana,
Pour une éthique iranienne,
Paris, 1981

De la révolution blanche (les réformes menées par le Shah) à la révolution islamique, on conçoit que les points de vue ont singulièrement évolué.

Si l'Iran pré-islamique est arrivé par ses multiples tentatives à ce stade crucial d'une telle civilisation, c'est sans doute par sa témérité et son obstination de vouloir se libérer d'un ordre millénaire immuable. A l'époque où une mythologie – pittoresque certes mais figée – a déterminé une des phases historiques de la spiritualité iranienne, la libéralisation de la pensée a attendu le moment propice (qu'est celui de l'Islam) pour éclore et déloger l'obscurantisme séculaire et cela à travers l'antagonisme lumières/ténèbres. [...] Le Dieu de Lumière a finalement triomphé sur le Mal : pour sauvegarder les richesses et privilèges accumulés par le Chah et ses acolytes, l'armée impériale, malgré de timides résistances, n'a pu s'opposer plus longuement aux propagateurs musulmans – soutenus par le peuple de l'Iran – qui prêchaient l'égalité des hommes et rejetaient toute forme d'idolâtrie religieuse et sociale. L'effondrement des bases de la monarchie tyrannique a coïncidé naturellement avec l'abolition de la foi ancienne qui préservait néanmoins quelques traits positifs et réformateurs.

M. Mokri,
La Lumière et le Feu dans l'Iran ancien,
Louvain, 1982

Le roman de Darius

L'Américain Gore Vidal situe son roman Création *à l'époque de Darius et de Xerxès. Le héros-conteur en est Cyrus Spitama, présenté comme le petit-fils du prophète Zoroastre.*

Cyrus Spitama est introduit devant Darius, alors en résidence à Ecbatane. A cette occasion, il évoque le complot des Sept.

A Ecbatane, les murs de l'Apadana – la salle des colonnes – sont couverts de tapisseries illustrant les événements majeurs de la vie de Cambyse. La conquête de l'Egypte est présentée avec un grand luxe de détails, mais la mort mystérieuse du Grand Roi Cambyse est soigneusement omise.

Avec mes camarades, j'étais debout à droite du trône, tout près duquel se tenaient les princes royaux. A côté des princes étaient les fils des Six – et à côté d'eux les invités du Grand Roi. J'avais été placé entre les invités et les nobles, entre Milon et Mardonius, le plus jeune fils de Gobryas et de la sœur du Grand Roi.

A gauche du trône se trouvaient les six nobles qui avaient permis à Darius de devenir Grand Roi. Bien qu'un des Six eût été récemment mis à mort pour trahison, on avait autorisé son fils aîné à représenter une famille à jamais noble et honorée.

Comme chacun sait, à l'époque où Cambyse était en Egypte, un Mage du nom de Gaumata se fit passer pour Mardos, frère de Cambyse. Quand, rentrant d'Egypte, Cambyse mourut, Gaumata s'empara du trône. Mais le jeune Darius, avec l'aide des Six, tua le pseudo-Mardos, épousa Atossa, veuve de Gaumata et de Cambyse, et devint roi. Cela, chacun le sait.

Il devient un intime de Xerxès.

Le matin de ma première rencontre avec Xerxès est davantage présent dans mon esprit que le matin d'aujourd'hui. [...] Nous commençâmes notre journée de marche avant l'aube. Nous allions par paires; chacun portait une lance. Il se trouve que je marchais avec Xerxès. Il ne me prêtait aucune attention. Naturellement, je l'observais attentivement. L'enfant du harem que j'étais savait que, si la faction d'Atossa l'emportait sur celle de Gobryas, il monterait un jour sur le trône.

Xerxès était grand; ses yeux gris pâle luisaient sous de sombres sourcils formant une barre horizontale. Bien qu'il fût jeune, des touffes de duvet poussaient sur ses joues hâlées. Sexuellement, c'était un garçon précoce.

Si Xerxès était un tant soit peu conscient de son destin, il ne le montrait pas. Il se comportait exactement comme n'importe lequel des nombreux fils du Grand Roi. Il avait un sourire charmant. Contrairement à la plupart des hommes, il conserva toutes ses dents jusqu'à la fin. [...] Xerxès était un compagnon distrayant. Il excellait en de nombreux domaines : cavalier émérite, il maniait fort habilement toutes les armes. Bien que les leçons des Mages ne l'intéressassent que modérément, il lisait assez facilement. Mais, je ne crois pas qu'il savait écrire.

A la mort de Darius, il assiste aux funérailles du Grand Roi et à l'intronisation de Xerxès.

Par une froide journée lumineuse, le corps de Darius fut placé dans le tombeau creusé dans le roc, aux côtés du vieil Hystaspes et de la malheureuse Parmys – dont la dépouille fut bientôt retirée, sur la demande pressante d'Atossa.

Habillé en simple guerrier, Xerxès pénétra dans le petit temple du feu érigé en face du tombeau de Cyrus. Nous attendîmes tous dehors. Jamais je n'ai eu aussi froid. C'était le genre de journée glacée qui fait geler les poils des narines, tandis que du soleil tombe une intense lumière qui ne produit aucune chaleur. Le ciel était parfaitement dégagé, je m'en souviens, à l'exception des colonnes de fumée blanche montant des bûchers où mille taureaux seraient bientôt sacrifiés au Seigneur Sage.

A l'intérieur du temple, les Mages présentèrent à Xerxès un simple plat contenant du lait caillé, des herbes, des dattes. Il goûta ce mets traditionnel, puis revêtit le manteau mède, brodé d'or, de Cyrus. Ariamène donna alors à Xerxès la couronne de guerre de Cyrus, qu'il tint dans ses mains jusqu'à ce que le Grand Mage lui eût indiqué le moment exact du solstice d'hiver. A cet instant propice, Xerxès plaça la couronne sur sa tête et devint Grand Roi. En fait, le solstice d'hiver avait déjà eu lieu, mais, comble de malchance, les Mages sont rarement précis en pareil domaine.

Quand Xerxès apparut à la porte du temple, nous l'acclamâmes jusqu'à ce que nos voix se brisent. Jamais je n'ai été aussi ému qu'en ce jour d'hiver où l'ami de toute ma vie se dressa devant nous, portant le manteau de Cyrus, brandissant le lotus et le sceptre. J'ai comparé la couronne crénelée d'or sur la tête de Xerxès à un fragment terrestre – non, céleste – du soleil. Ainsi débuta son règne.

Gore Vidal, *Création*,
Traduction de B. Matthieussent,
Grasset, Paris, 1982

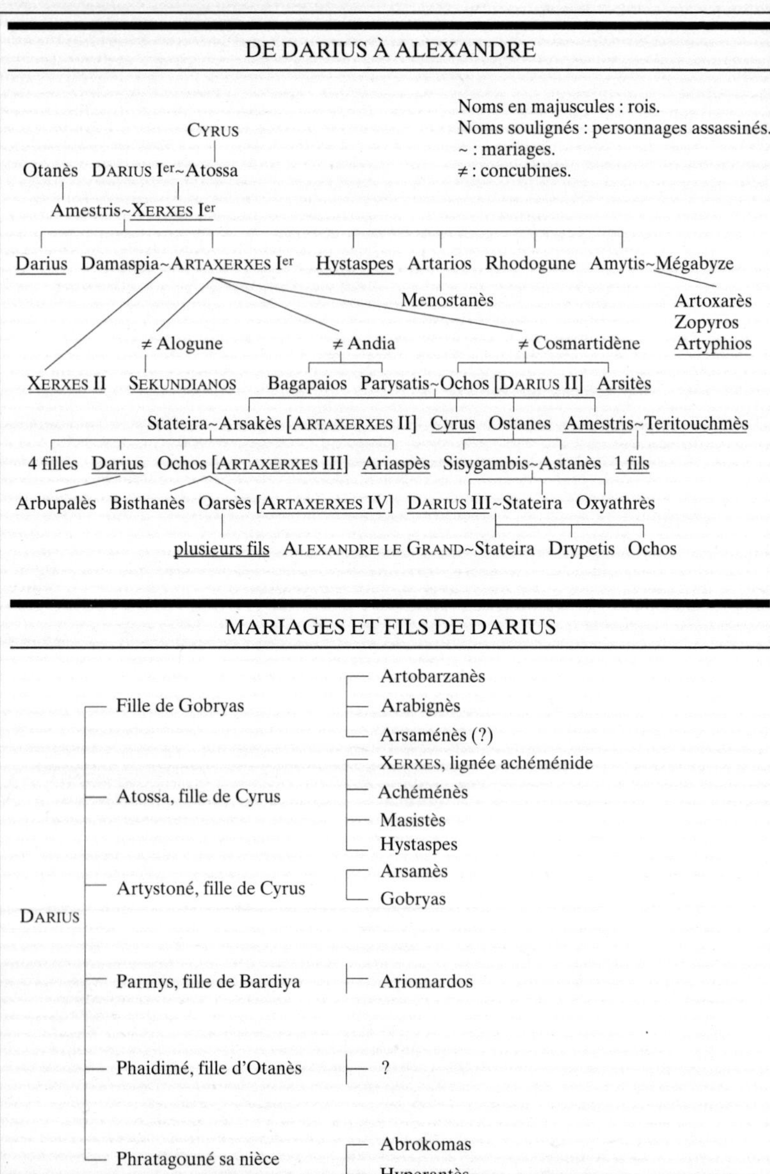
DE DARIUS À ALEXANDRE
Noms en majuscules : rois.
Noms soulignés : personnages assassinés.
~ : mariages.
≠ : concubines.
CYRUS
Otanès
DARIUS Ier~Atossa
Amestris~XERXES Ier
Darius
Damaspia~ARTAXERXES Ier
Hystaspes
Artarios
Rhodogune
Amytis~Mégabyze
Menostanès
Artoxarès
Zopyros
Artyphios
≠ Alogune
≠ Andia
≠ Cosmartidène
XERXES II
SEKUNDIANOS
Bagapaios
Parysatis~Ochos [DARIUS II]
Arsitès
Stateira~Arsakès [ARTAXERXES II]
Cyrus
Ostanes
Amestris~Teritouchmès
4 filles
Darius
Ochos [ARTAXERXES III]
Ariaspès
Sisygambis~Astanès
1 fils
Arbupalès
Bisthanès
Oarsès [ARTAXERXES IV]
DARIUS III~Stateira
Oxyathrès
plusieurs fils
ALEXANDRE LE GRAND~Stateira
Drypetis
Ochos
MARIAGES ET FILS DE DARIUS
DARIUS
Fille de Gobryas
Artobarzanès
Arabignès
Arsaménès (?)
Atossa, fille de Cyrus
XERXES, lignée achéménide
Achéménès
Masistès
Hystaspes
Artystoné, fille de Cyrus
Arsamès
Gobryas
Parmys, fille de Bardiya
Ariomardos
Phaidimé, fille d'Otanès
?
Phratagouné sa nièce
Abrokomas
Hyperantès

CHRONOLOGIE

559-530	**Règne de Cyrus le Grand.**
550	Prise d'Ecbatane.
546	Prise de Sardes.
539	Prise de Babylone.
530-522	**Règne de Cambyse.**
525-522	Campagne d'Egypte.
522	Elimination de Bardiya et avènement de Darius.
522-486	**Règne de Darius Ier.**
522-520	Ecrasement des révoltes.
520-515	Débuts des travaux de Suse et de Persépolis.
519-503	Rassemblement des jurisprudences égyptiennes.
518	Réforme tributaire. Lettre de Darius à Jérusalem.
513	Campagnes de Libye et de Scythie.
512	Première monnaie royale.
509	Premières tablettes des Fortifications.
Vers 500	Mise en eau du canal de Suez.
500-493	Révolte de l'Ionie.
494	Dernières tablettes des Fortifications.
492	Premières tablettes du Trésor. Mardonios en Thrace.
490	Mainmise sur les Cyclades. Défaite de Marathon.
486	Révolte de l'Egypte. Mort de Darius.
486-465	**Règne de Xerxès Ier.**
486-466	Poursuite des travaux à Suse et à Persépolis.
484	Ecrasement de la révolte égyptienne.
480/479	Défaites en Egée.
479	Ecrasement de la révolte babylonienne.
478/477	Fondation de la Ligue de Délos.
466	Défaite de l'Eurymédon. Hausse des prix à Persépolis.
465	Assassinat de Xerxès.
465-424/423	**Règne d'Artaxerxès Ier.**
Vers 465	Révolte en Bactriane.
465-460	Révolte en Egypte.
460	Dernières tablettes du Trésor.
424	Mort d'Artaxerxès Ier.
424 (fin)	**Règne de Xerxès II.**
423 (début)	**Règne de Sogdianos.**
423-405/404	**Règne de Darius II.**
412/410	Traités avec Sparte.
410/405	Troubles en Egypte.
408	Cyrus le Jeune en Asie Mineure.
404-359	**Règne d'Artaxerxès II.** Nouveaux palais construits à Suse et à Babylone.
401	Révolte de Cyrus le Jeune. Bataille de Counaxa : victoire d'Artaxerxès II et mort de Cyrus le Jeune.
399	L'Egypte échappe à la domination perse.
386	Paix du Roi.
Vers 360-350	Troubles en Asie Mineure.
359-338	**Règne d'Artaxerxès III.**
345	Prise de Sidon.
343/342	Reconquête de l'Egypte.
338-336	**Règne d'Artaxerxès IV.**
338	Préparatifs macédoniens.
336-330	**Règne de Darius III.**
336	Première offensive macédonienne.
334	Débarquement d'Alexandre.
333	Défaite de Darius III à Issos.
331	Défaite de Darius III à Gaugamèles.
331/330	Alexandre à Persépolis.
330 (juillet)	Assassinat de Darius III.

BIBLIOGRAPHIE

Etudes d'ensemble
– *Cambridge Ancient History*, t. IV, 2e éd., 1988.
– *Cambridge History of Iran*, t. II, 1985.
– P. Briant, *Rois, tributs et paysans*, Paris, 1982.
– P. Briant, *Histoire de l'Empire perse, de Cyrus à Alexandre*, Paris, Fayard, 1996.
– J. M. Cook, *The Persian Empire*, London-Melbourne-Toronto, 1983.
– M. Dandamaev et V. Lukonin, *The Culture and Social Institutions of Ancient Iran*, Cambridge U. P., 1989.
– R. N. Frye, *The History of the Ancient Iran*, Munich, 1984.
– E. Yamauchi, *Persia and the Bible*, Grand Rapids, 1990.

Darius
– J. Balcer, *Herodotus and Bisotun*, Wiesbaden, 1987.
– Cl. Herrenschmidt, «Les Historiens de l'Empire achéménide et l'inscription de Behistoun», *Annales ESC* n° 37, 1982.
– W. Hinz, *Darius und die Perser*, t. I, Baden-Baden, 1976.

Au cœur de l'Empire
– G. C. Cameron, *Persepolis Treasury Tablets*, Chicago, 1948.
– M. Cool-Root, *The King and Kingship in Achaemenid Art*, Leyde, 1979.
– R. Ghirshman, *Perse. Proto-Iraniens, Mèdes, Achéménides*, collection «L'Univers des Formes», Gallimard, Paris, 1962.
– R. T. Hallock, *Persepolis Fortification Tablets*, Chicago, 1969.
– R. G. Kent, *Old Persian. Grammar, Texts, Lexicon*, New Haven, 1953.
– H. Koch, *Verwaltung und Wirtschaft im persischen Kernland zur Zeit der Achämeniden*, Wiesbaden, 1991.
– F. Krefter, *Persepolis Rekonstruktionen*, Berlin, 1971.
– M. Roaf, *Sculptures and Sculptors of Persepolis*, Londres, 1983.
– E. F. Scmidt, *Persepolis*, I-III, Chicago, 1953-1970.
– M. J. Stève, *Ville royale de Suse.* T. VII : *Nouveaux mélanges épigraphiques. Inscriptions royales de Suse et de la Susiane*, Nice, 1987.
– G. Walser, *Die Völkerschaften auf den Reliefs von Persepolis*, Berlin, 1966.
– «Suse : dernières découvertes», *Dossiers Histoire et Archéologie* n° 138, mai 1989.
– «Iran. La Perse de Cyrus à Alexandre», *Dossiers d'archéologie*, n°227, 1997.

La vie des provinces
– P. Briant, *Etat et pasteurs au Moyen-Orient ancien*, Paris-Cambridge, 1982.
– P. Briant, *L'Asie centrale et les royaumes proche-orientaux du premier millénaire*, Paris, 1984.
– G. Cardascia, *Les Archives des Murashû. Une famille d'hommes d'affaires babyloniens à l'époque perse (455-403 av. J.-C.)*, Paris, 1951.
– F. Joannès, *Textes économiques de la Babylonie récente*, Paris, 1982.
– G. Posener, *La Première Domination perse en Egypte*, Le Caire, 1936.
– T. Petit, *Satrapes et satrapies dans l'Empire achéménide de Cyrus le Grand à Xerxès Ier*, Liège, 1990.
– M. Stolper, *Entrepreneurs and Empire. The Murashû Archive, the Murashû Firm, and Persian Rule in Babylonia*, Leyde, 1985.
– *Fouilles de Xanthos*, t. I à IX, Paris, 1958-1992.

Perses et Grecs
– A. R. Burn, *Persia and the Greeks*, 2e éd., Londres, 1985.
– D. M. Lewis, *Sparta and Persia*, Leyde, 1977.
– O. Picard, *Les Grecs devant la menace perse*, Paris, 1970.

Le point des recherches
– P. Briant, «Bulletin d'histoire achéménide», *Topoi*, suppl. 1, 1997.
– P. Briant et Cl. Herrenschmidt (éditeurs), *Le Tribut dans l'Empire perse*, Louvain-Paris, 1989.
– R. Descat (éditeur), «L'Or perse et l'histoire grecque», *Revue des Etudes anciennes* 91/1-2, 1989.
– J. Kellens (éditeur), *La Religion iranienne à l'époque achéménide*, Gand, 1991.
– H. Sancisi-Weerdenburg et A. Kuhrt (éditeurs), *Achaemenid History*, t. I à X, Leyde, 1987-1996.
– U. Weber, J. Wiesehöfer, *Das Reich der Achaimeniden. Eine Bibliographie*, Berlin, 1996.
– E. Yarshater (éditeur), *Encyclopaedia Iranica*, New York, en cours.
– *Transeuphratène* 1-13, 1989-1997.

TABLE DES ILLUSTRATIONS

tombeau du Grand Roi à Naqsh-I-Rustam. Iran, fin VIe s. av. J.-C.
30h Proue de navire Samien sur un tétradrachme de Samos, entre 493 et 489 av. J.-C. Coll. part.
30b Sujet indien du roi Darius, une des représentations des peuples vassaux sur le socle de la statue du Grand Roi trouvée à Suse en 1972, v. 500 av. J.-C.
31 Sarcophage dit «du satrape», détail : le défunt trônant est conduit à sa dernière demeure, art gréco-perse, Phénicie, nécropole royale de Sidon, milieu du IVe s. av. J.-C. Musée archéologique, Istanbul.
32h Versement du tribut au représentant du Grand Roi, cratère à figures rouges dit «vase de Darius», détail, IVe s. av. J.-C. Musée national, Naples.
32b Poids étalonné à poignée incorporée en forme de lion couché, bronze, Suse, Ve-IVe s. av. J.-C. Musée du Louvre (Sb 2718), Paris.
33h Vase ovoïde godronné aux anses en forme de bouquetins, art achéménide, argent, VIe-Ve s. av. J.-C. Musée archéologique, Téhéran.
33b Rhyton zoomorphe en argent. Suse, Ve-IVe s. av. J.-C. Musée du Louvre, Paris.
34hg La Porte de Darius à Suse, VIe-Ve s. av. J.-C. (état actuel).
34hd La Porte de Darius à Suse au Ve s., reconstitution par D. Ladiray.
34b Le site de Suse. Carte de Patrick Mérienne.
35 Archer perse, un des «Immortels» des frises de brique émaillée des palais de Darius et Artaxerxès à Suse, VIe-IVe s. av. J.-C. Musée du Louvre, Paris.
36-37 Archers perses de la garde royale dits les «Immortels», frise de brique émaillée du palais royal de Suse, art achéménide, Ve-IVe s. av. J.-C. Musée du Louvre, Paris.
38h, 38b Griffon et lion passants, deux motifs des frises de brique émaillée du palais royal de Suse, art achéménide, Ve-IVe s. av. J.-C. Musée du Louvre, Paris.
39 Chapiteau de colonne orné de protomes de taureaux, Palais royal de Suse, calcaire, art achéménide, Ve-IVe s. av. J.-C. Musée du Louvre, Paris.
40-41 Un dignitaire mède rend hommage au Grand Roi, détail d'un relief d'audience trouvé dans la Trésorerie de Persépolis, Ve s. av. J.-C.
42m Relief d'audience trouvé dans la Trésorerie de Persépolis, relevé de F. Krefter, 1971.
42-43h Un des grands escaliers de l'Apadana de Persépolis, Ve s. av. J.-C.
42-43b Porteurs d'offrandes, reliefs de la rampe d'un des escaliers de l'Apadana de Persépolis, Ve s. av. J.-C.
44b Serviteur portant un chevreau, détail d'un bas-relief sur l'un des escaliers de Persépolis, Ve s. av. J.-C.
44-45h Bas-relief assyrien du «Banquet d'Assurbanipal» dit aussi «Le Repos sous la treille», Ninive, VIIe s. av. J.-C. British Museum, Londres.
45b Bol d'argent à applications d'or, motifs géométriques et représentations royales, art achéménide, Ve-IVe s. av. J.-C. British Museum (WA 134740), Londres.
46h Paradis royal sur un bas-relief assyrien du palais nord de Ninive, pièce H, détail, v. 660 av. J.-C. British Museum (Relief 124939), Londres.
46-47b Série d'empreintes de sceaux perses; de gauche à droite : chasse au lion, gazelle, bouquetin, deux ours et un renard; VIe-Ve s. av. J.-C. Musée du Louvre (AO 2300), Paris.
47h Sceau-cylindre de Darius Ier et son empreinte. La scène du roi à la chasse au lion est accompagnée d'une inscription trilingue en vieux-perse, élamite et babylonien, cylindre en agate, v. 500 av. J.-C. British Museum (n° 89132), Londres.
47m Cavaliers perses chassant un lion et un sanglier avec arc et lance, sceau achéménide, Ve-IVe s. av. J.-C.

CHAPITRE II

48 Le Grand Roi trônant avec derrière lui le prince royal, héritier de la couronne, soutenus par les représentants de leurs vingt-huit nations sujettes, Persépolis, porte est du Tripylon, détail, Ve s. av. J.-C.
49 Charte de fondation du palais de Darius à Suse, argile, entre 522 et 500 av. J.-C. Musée du Louvre (SB 2789), Paris.
50h, 50m Tête d'Arachosien et tête de Mède, deux fragments de peintures murales du palais du Chaour à Suse, daté d'Artaxerxès II, angle nord-ouest, IVe s. av. J.-C.
50b Délégation des tributaires indiens, Persépolis, bas-relief d'un des escaliers de l'Apadana, détail, Ve s. av. J.-C.
51h Plaque en or portant l'acte de fondation de Persépolis par Darius Ier, fin VIe s. av. J.-C. Musée archéologique, Téhéran.
51b Délégation des tributaires gandariens, Persépolis, bas-relief d'un des escaliers de l'Apadana, Ve s. av. J.-C.

CHAPITRE III

74 Navire, empreinte de cachet sur une tablette de la Trésorerie de Persépolis (n° 32), Ve s. av. J.-C. Oriental Institute, Chicago.
75 Archer asiatique, détail d'une coupe attique à figures rouges et figures noires, VIe s. av. J.-C. Musée du Louvre, Paris.
76 Le roi de Cyrène surveillant la pesée du sylphium, coupe grecque dite «coupe cyrénéenne d'Arcésilas», VIe s. av. J.-C. Bibliothèque nationale, Cabinet des Médailles (coupe 189), Paris.
77g Epée d'un officier mède sur un bas-relief de Persépolis, Ve s. av. J.-C.
77d Epée de fer à fourreau en or, art scythe, Kelermesskaya Stanitza (Kouban), VIe s. av. J.-C. Musée de l'Ermitage, Saint-Pétersbourg.
78 Guerrier thrace à cheval combattant, applique d'arnachement du trésor de Letnitza (Bulgarie), argent doré, v. 400-350 av. J.-C. Musée départemental historique, Lavetz.
79 Le char royal dans le cortège d'un des escaliers de l'Apadana de Persépolis, Ve s. av. J.-C.
80h Divinité féminine sur une proue de navire, monnaie grecque d'Ionie, argent, IVe s. av. J.-C. Bibliothèque nationale, Cabinet des Médailles (V 657), Paris.
80b Délégation des tributaires thraces (Skudra), Persépolis, bas-relief d'un des escaliers de l'Apadana, détail, Ve s. av. J.-C.
81 La révolte de l'Ionie. Carte de Patrick Mérienne.
82h Combat d'un guerrier grec contre trois Asiatiques, oenochoé de style libre attique à bec vertical, IVe s. av. J.-C., détail. Musée du Louvre (G 571), Paris.
82b Deux navires de guerre légers, coupe attique à figures noires du peintre Nikosthènes, v. 520-510 av. J.-C., détail de la face extérieure. Musée du Louvre (F 123), Paris.
83 Forteresse du palais de Vouni, Chypre, époque classique, Ve s. av. J.-C.
84 Griffon poursuivi par un cavalier, décor d'acrotère, terre cuite peinte, art gréco-lydien, dernier quart du VIe s. av. J.-C. Musée archéologique (n° 6568), Istanbul.
85 Sarcophage du roi phénicien Eshmunazar, diorite, VIe s. av. J.-C. Musée du Louvre (AO 48606), Paris.
86h Octodrachme d'Alexandre Ier de Macédoine dit «le Philhellène», argent, v. 495-455 av. J.-C. Bibliothèque nationale, Cabinet des Médailles (a II t3 n° 38bis), Paris.
86-87b Délégation des tributaires ioniens, Persépolis, bas-relief d'un des escaliers de l'Apadana, Ve s. av. J.-C., détail.
87h Procession de dignitaires, relief cilicien de type persépolitain, Turquie, V^e^-IVe s. av. J.-C.
88b Guerrier corinthien, bronze trouvé à Dodone, v. 500 av. J.-C. Antikenmuseum, Berlin.
88-89h La bataille de Marathon, panneau de sarcophage d'époque romaine, marbre. Museo Civico Romano, Brescia.
89b La bataille de Marathon. Carte de Patrick Mérienne.
90-91 Funérailles d'un Perse en Egypte, stèle de Mit-Rahina, Egypte, calcaire, v. 500 av. J.-C. Ägyptisches Museum (n° 23 721), Berlin.
92h Le Grand Roi adorant la déesse Anahita dressée sur un lion, empreinte de sceau-cylindre achéménide, IVe s. av. J.-C.
92b Roi sacrifiant devant un autel du feu, empreinte d'un sceau cylindre. Bibliothèque nationale, Cabinet des Médailles (Delaporte 400), Paris.
93 Deux mages sacrifiant, stèle votive gréco-perse, Turquie, Ve s. av. J.-C. Musée archéologique, Istanbul.

CHAPITRE IV

94 Combat entre un soldat perse et un hoplite grec, sous la protection d'Ahura-Mazda, sceau achéménide, Ve s. av. J.-C. British Museum, Londres.
95 Le Grand Roi tuant un pharaon égyptien et entraînant ses prisonniers ligotés, sceau royal d'Artaxerxès Ier ou d'Artaxerxès III, V^e^-IVe s. av. J.-C. Musée Pouchkine, Moscou.
96 Femmes priant devant un encensoir, motifs d'un tapis trouvé à Pazyryk, détails, V^e^-IVe s. av. J.-C. Musée de l'Ermitage, Saint-Pétersbourg.
97h Tête d'un jeune prince achéménide coiffé d'une couronne crénelée, pâte de lapis-lazuli, V^e^-IVe s. av. J.-C. Musée archéologique, Téhéran.
97b Eunuque porteur de parfum, Persépolis, palais de Darius, jambage sud de la porte ouest de la chambre 12, VIe-Ve s. av. J.-C.
98h Sépulture achéménide de Suse, IVe s. av. J.-C., relevé de la Mission archéologique française en Perse, 1899.
98b Convoi funéraire, stèle votive gréco-perse, Asie Mineure, Ve s. av. J.-C. Musée archéologique, Istanbul.
99 «Pleureurs» sur une tombe royale, Naqsh-I-Rustam, Iran, Ve s. av. J.-C.
100-101 La falaise de Naqsh-I-Rustam et, de gauche à droite, les tombeaux rupestres de

à figures rouges montrant un lion attaquant un cheval, détail, IVe s. av. J.-C. Bibliothèque nationale, Cabinet des Médailles (vase 437), Paris.
123hd Deux lions dévorant un cerf, cachet du noble Gobryas, tablette des Fortifications de Persépolis, Ve s. av. J.-C. Oriental Institute, Chicago.
123b Lion attaquant un taureau, relief d'un des escaliers de l'Apadana de Persépolis, détail, Ve s. av. J.-C.
124 Le Grand Roi achéménide courant, double darique frappée à Babylone, or, v. 330 av. J.-C. Bibliothèque nationale, Cabinet des Médailles (Luynes 2817), Paris.
125h Version en vieux-perse de l'inscription des *daivas* de Xerxès à Persépolis, 486-466 av. J.-C. Musée archéologique, Téhéran.
125b Serviteur portant le tabouret de pieds du Grand Roi. Persépolis, escalier est de l'Apadana, côté nord, frise supérieure, détail, Ve s. av. J.-C.
126b Alexandre le Grand assis, bronze trouvé à Reims, IVe-IIIe s. av. J.-C. Bibliothèque nationle, Cabinet des Médailles (Bronze 824), Paris.
126-127h Alexandre le Grand et Darius III pendant la bataille d'Issos, mosaïque de la Maison du Faune, Pompéi, détail, IIe-Ier s. av. J.-C. Musée archéologique national, Naples.
128 Dignitaire perse sur un relief de Persépolis, détail, Iran, VIe-IVe s. av. J.-C.

TÉMOIGNAGES ET DOCUMENTS

129 Poids trouvé à Persépolis portant des inscriptions en élamite, en vieux-perse et en babylonien, Ve s. av. J.-C. Oriental Institute, Chicago.
130 Sceau inscrit au nom de Cyrus d'Anshan, tablette des Fortifications n° 694, Persépolis, VIe s. av. J.-C. Oriental Institute, Chicago.
131 Le Grand Roi assis, relevé d'après le cratère à volutes du Musée archéologique de Naples, dit «vase de Darius», IVe s. av. J.-C.
133 Tête de cheval avec son arnachement, art achéménide, cuivre partiellement doré, Iran, VIe-IVe s. av. J.-C. Musée archéologique, Téhéran.
135 Stèle de Tell el-Maskhoutah, Egypte, Ve s. av. J.-C., relevé de Posener.
136 Inscription de Xerxès en vieux-perse, 486-465 av. J.-C.
139 Le ministre des Finances du pharaon Darius, Ptah-Hotep en costume perse, schiste, Egypte, Memphis, XXVIIe dynastie, 490 av. J.-C. Brooklyn Museum, New York.
142 Musicienne jouant de la harpe, intaille scaraboïde en cristal de roche. British Museum (London 529), Londres.
144-145 Scène de banquet, bas-relief du monument des Néréides de Xanthos, Asie Mineure, v. 390-380 av. J.-C., British Museum, Londres.
148-149 La bataille de Marathon, reconstitution moderne, d'après Carl Robert, *Die Marathonschlacht in der Poikile*, Halle 1895.
150 Deux intailles gréco-perses, Ve-IVe s. av. J.-C.
151 Intaille gréco-perse, Ve-IVe s. av. J.-C.
153 Une scène des *Perses* d'Eschyle, joués par la troupe du Théâtre national d'Athènes, à Paris, en 1965.
154 Marcel et Jane Dieulafoy à Suse entre 1884 et 1886.
157 Scène de fouilles à Suse, devant la statue égyptienne de Darius en 1972.
158, 161 Deux aspects des fêtes commémoratives organisées à Persépolis en 1971.
162 Roi sacrifiant un unicorne, bas-relief d'un palais de Persépolis, Ve-IVe s. av. J.-C., relevé de Texier, 1852.
163 Colonne d'un palais de Persépolis, Ve-IVe s. av. J.-C., reconstitution par Texier, 1852.
165 Sceau achéménénide sur la tablette 12a de la Trésorerie de Persépolis Oriental Institute of Chicago.

INDEX

A

CRÉDITS PHOTOGRAPHIQUES

Artephot/André Held, Paris 51h, 78, 121h. Artephot/Henri Stierlin, Paris 114bg. Artephot/Kunusegawa, Paris 100-101, 111h. Artephot/Oroños, Paris 118h, 119h. Artephot/Percheron, Paris 2-3, 4-5, 12b, 70h, 108-109, 133. Bibliothèque nationale, Paris 9, 11, 12h, 28b, 55h, 58-59h, 73, 76, 80h, 86h, 92b, 101h, 102h, 102b, 116b, 123bg, 124, 126b. Bildarchiv Preussischer Kulturbesitz, Berlin 88b, 90-91. Pierre Bordreuil, Paris 65h. Rémy Boucharat 50h, 50m. Linda Bregstein/Eliott Scherr, Philadelphie 112h. British Museum, Londres 1m, 14, 15h, 17b, 23, 24-25, 44-45h, 45b, 46h, 47h, 56-57b, 60b, 72, 94, 120-121b, 142, 144-145. Dagli Orti, Paris 93, 97h, 98b, 115, 120h. Alain Davesne, Paris 87h. Gérard Degeorges, Paris dos de couv., 44b, 71, 97b, 106b, 107h, 108b, 111b, 114h, 114bd, 123b, 128. Droits réservés 10, 16, 17h, 19b, 27h, 27bg, 27bd, 28h, 30h, 47m, 53h, 57h, 62b, 62d, 69h, 77g, 79, 92h, 95, 96, 103h, 106h, 116h, 122, 131, 135, 136, 148-149, 150, 151. Ekdotiké Athinon, Athènes 83. Explorer/Erich Lessing, Paris 64. Explorer/Yves Métais , Paris 125b. Gallimard/Univers des formes, Paris 13, 33h, 54h, 56, 63, 68-69b, 117. Giraudon, Paris 1er plat de couv., 40-41, 104-105, 139. Giraudon/Anderson, Paris 58g, 59d. Hubert Josse, Paris 36-37. Roger Lichtenberg, Paris 62hg. Jurgen Liepe, Berlin 68g, 84. Magnum/Bruno Barbey, Paris 158, 161. Magnum/Erich Lessing, Paris 31. Matched Mellinck, Bryn Mawr 66, 67. Jean Mazenod, Paris 70b, 112b. The Oriental Institute of the University of Chicago 1er plat de couv., 6-7, 18-19, 29, 42-43h, 42-43b, 48, 50b, 51b, 52h, 52b, 53b, 54b, 55b, 74, 80b, 86-87b, 99, 123hd, 125h, 129, 130, 165. Jean Perrot/Mission archéologique franco-iranienne de Suse 30b, 34h, 34hd, 34b, 60h, 61, 154, 157. Pierre Pitrou, Paris 1, 22, 26, 42m, 98h, 107b, 109b, 110h, 110b, 162, 163. Rapho, Paris 75. Rapho/Bright, Paris 32h. Réunion des Musées nationaux, Paris 4e plat, 32b, 33b, 35, 38h, 38b, 39, 46-47b, 49, 64-65b, 65, 82h, 82b, 85, 103b, 105h. Roger-Viollet/Lipnitzky, Paris 153. Scala, Florence 88-89h, 119b, 126-127h. Wladimir Terebenin, Saint-Pétersbourg 77d. Trustees of Princeton University 15b, 156.

REMERCIEMENTS

L'auteur remercie ses amis et collègues Pierre Bordreuil (Paris), Rémy Boucharlat (Lyon), Linda Bregstein (Philadelphie), Alain Davesne (Paris), Françoise Dunand (Strasbourg), Roger Lichtenberg, Matched Mellinck (Bryn Mawr), Jean Perrot (Paris), Margaret Root (Ann Arbor), Heleen Sancisi-Weerdenburg (Utrecht). L'éditeur remercie Michèle Daumas, Catherine Lochin et Anne Nercessian (Paris) ainsi que les Editions des Belles-Lettres.

COLLABORATEURS EXTÉRIEURS

Nathalie Palma a assuré le suivi rédactionnel et la coordination de cet ouvrage. Dominique Fernandez a effectué la recherche iconographique. Dominique Guillaumin a réalisé la maquette et le montage des Témoignages et Documents et Patrick Mérienne les cartes des pages 20-21, 34, 81, 89, 113, 118. La lecture-correction a été faite par Annabelle Viret.